DANS LA MÊME COLLECTION

La philosophie de Thomas d'Aquin, par Ruedi Imbach et Adriano Oliva, 2009.

La philosophie de Kierkegaard, par Michel Malherbe, 2011.

La philosophie de Bergson, par Anne-Laure Dessquelles, 2011.

La philosophie de Nelson Goodman, par Jacques Morizot et Roger Pouivet, 20..

La philosophie de Raymond Aron, par Gabriel Cohen et Jean-Pierre Louis, 2014.

La philosophie de Jules Lagneau, par Ma... Massin, 2016.

La philosophie de Descartes, par Jean-Marie Beyssade, 2016.

La philosophie de Kant, par Antoine Grandjean, 2016.

La philosophie de Platon, par Philippe Cognet, 2017.

La philosophie de Merleau-Ponty, par Patrick Cerutti, 2018.

La philosophie de Wittgenstein, par Valérie Gaufinet, 2018.

La philosophie de Sartre, par Philippe Cabestan, 2019.

La philosophie de Xavier Zubiri, par Ifeoma Boniol, 2019.

La philosophie d'Aristote, par Jacques Gourinat, 2020.

A paraître :

La philosophie de Simone Weil, par Amélie Koehl.

DANS LA MÊME COLLECTION

LA PHILOSOPHIE
DE FICHTE
REPÈRES

REPÈRES PHILOSOPHIQUES
Directrice : Éléonore Le Jallé

LA PHILOSOPHIE
DE FICHTE

REPÈRES

par
Laurent GUYOT

PARIS
LIBRAIRIE PHILOSOPHIQUE J. VRIN
6 place de la Sorbonne, V e
2020

En application du Code de la Propriété Intellectuelle et notamment de ses articles L. 122-4, L. 122-5 et L. 335-2, toute représentation ou reproduction intégrale ou partielle faite sans le consentement de l'auteur ou de ses ayants droit ou ayants cause est illicite. Une telle représentation ou reproduction constituerait un délit de contrefaçon, puni de deux ans d'emprisonnement et de 150 000 euros d'amende.

Ne sont autorisées que les copies ou reproductions strictement réservées à l'usage privé du copiste et non destinées à une utilisation collective, ainsi que les analyses et courtes citations, sous réserve que soient indiqués clairement le nom de l'auteur et la source.

© *Librairie Philosophique J. VRIN*, 2020
Imprimé en France
ISSN 2105-0279
ISBN 978-2-7116-2959-6
www.vrin.fr

ABRÉVIATIONS ET RÉFÉRENCES

ADE   *Aus dem Entwurfe zu einer politischen Schrift im Frühlinge*, 1813.

ASL   *Anweisung zum seligen Leben*, 1806, trad. fr. M. Rouché, *Initiation à la vie bienheureuse*, Paris, Aubier, 1944.

B   *Briefe, GA* série III, vol. 2, 4, 5, R. Lauth, H. Jacob und H. Gliwitzky (eds.), trad. fr. M. Bienenstock, *Fichte / Schelling, Correspondance (1794-1802)*, Paris, P.U.F., 1991.

BG   *Über die Bestimmung des Gelehrten*, 1794, trad. fr. J.-L. Vieillard-Baron, *Conférences sur la destination du savant*, Paris, Vrin, 1994, rééd. 2016.

BM   *Die Bestimmung des Menschen*, 1800, trad. fr. J.-C. Goddard, *La destination de l'homme*, Paris, Flammarion, 1995.

BWL   *Über den Begriff der Wissenschaftslehre*, 1794, trad. fr. L. Ferry et A. Renaut, *Sur le concept de la Doctrine de la science*, dans *Essais philosophiques choisis (1794-1795)*, Paris, Vrin, 1984.

EE   *Erste Einleitung in die Wissenschaftslehre*, trad. fr. A. Philonenko, *Première introduction à la Doctrine de la science*, 1797, Paris, Vrin, 1980.

GA   *J. G. Fichte-Gesamtausgabe der Bayerischen Akademie der Wissenschaften*, R. Lauth und H. Jacob (eds.), Stuttgart-Bad Cannstatt, Frommann-Holzboog, 1962.

GNR *Grundlage des Naturrechts*, 1796, trad. fr. A. Renaut, *Fondement du droit naturel selon les principes de la Doctrine de la science*, Paris, P.U.F., 1984.

GWL *Grundlage der gesamten Wissenschaftslehre*, trad. fr. A. Philonenko *Principes fondamentaux de la Doctrine de la science*, dans *Œuvres choisies de philosophie première*, 1794, Paris, Vrin, 1980.

NM *Wissenschaftslehre nova methodo*, 1798/1799, trad. fr. I. Thomas-Fogiel, *Doctrine de la science nova methodo*, Paris, Le livre de poche, 2000.

SS *System der Sittenlehre*, 1798, trad. fr. P. Naulin, *Le système de l'éthique selon les principes de la Doctrine de la science*, Paris, P.U.F., 1986.

RDN *Reden an die deutsche Nation*, 1807-1808, trad. fr. A. Renaut, *Discours à la nation allemande*, Paris, Imprimerie nationale, 1992.

SB *Sonnenklarer Bericht an das grössere Publicum über das eigentliche Wesen der neuesten Philosophie*, 1801, trad. fr. A. Valensin, *Rapport clair comme le jour sur le caractère propre de la philosophie nouvelle*, Paris, Vrin, 1999.

SW *Sämmtliche Werke*, *Œuvres complètes*, I. H. Fichte (éd.), Berlin, 1845-1846.

UG *Ueber den Grund unseres Glaubens an eine göttliche Weltregierung*, 1798, trad. fr. A. Philonenko, *Le fondement de notre croyance en une divine Providence*, dans *Doctrine de la science 1801-1802 et Textes annexes*, t. 2, Paris, Vrin, 1987.

WL 1801 *Darstellung der Wissenschaftslehre. Aus dem Jahre* 1801, trad. fr. A. Philonenko, *Doctrine de la science. Exposé de 1801-1802*, Paris, Vrin, 1987.

WL 1804/II *Die Wissenschaftslehre. Zweiter Vortrag im Jahre* 1804 *vom* 16. *April bis* 8. *Juni*, trad. fr. D. Julia, *La Théorie de la Science. Exposé de 1804*, Paris, Aubier, 1967.

WL   1805 *Wissenschaftslehre*, 1805, trad. fr. I. Thomas-Fogiel, *La Doctrine de la science de 1805*, Paris, Cerf, 2006.

ZE   *Zweite Einleitung in die Wissenschaftslehre*, 1797, trad. fr. I. Thomas-Fogiel, *Seconde introduction à la Doctrine de la science*, Paris, Vrin, 1980.

Dans l'étude qui suit, la référence aux *Œuvres* de Fichte renvoie soit à l'édition de I. H. Fichte, *Sämtliche Werke*, citée *SW*, soit à l'édition de l'Académie des Sciences de Bavière, *Gesamtausgabe Werke*, citée *GA*, suivie de la pagination de l'édition allemande et de celle de la traduction française.

LA VIE DE FICHTE

Dans son allure générale, la vie de Fichte contraste avec celle, au cours bien réglé, aux habitudes immuables, calme et retirée, de celui qu'il considéra comme son maître, Kant. Si, à ses débuts du moins, elle fut glorieuse comme Kant, elle ne fut pas seulement méditative, mais aussi largement tournée vers l'action et, sans doute à cause du caractère ardent de Fichte, mouvementée, tempétueuse. Il eut à livrer de nombreux combats et ne recula jamais devant les obstacles, quitte à en pâtir durement. Son destin fut peu commun. Issu du peuple, les circonstances l'arrachèrent à la vie modeste et simple à laquelle il était promis. Fraîchement sorti diplômé de l'université, il voulut se faire un nom dans la science, et il y parvint rapidement. Mais sa gloire précoce fut bientôt suivie de persécutions. D'abord contraint à la démission, il remontera en chaire quelques années plus tard, jusqu'à devenir recteur.

Des dons exceptionnels

Johann Gottlieb Fichte naquit en Saxe, à Rammenau, le 19 mai 1762 dans un milieu modeste. D'abord employé dans une fabrique de rubans, son père épousa la fille de Jean Schurich, le propriétaire de cette fabrique. Johann Gottlieb est le premier de leurs sept enfants.

Alors qu'un jour le pasteur du village interrogeait l'enfant sur le dernier sermon qu'il avait prononcé, il fut impressionné par sa prodigieuse mémoire, car il fut capable de lui réciter la totalité du sermon au mot près. Ce jour fut celui où la destinée de Fichte bascula. Le pasteur lui offrit de l'instruire, et les progrès rapides de l'enfant donnèrent au pasteur une certaine notoriété. Un seigneur de Rammenau, le baron de Miltitz, fut curieux de rencontrer ce pasteur, et, en l'absence de ce dernier le jour où il fit sa démarche, c'est à l'enfant qu'on le conduisit. Le baron fut à son tour impressionné par la vivacité d'esprit du petit vacher. Sur-le-champ, il voulut se rendre chez ses parents pour obtenir d'eux qu'ils lui confient l'enfant, afin qu'il pût faire des études dignes de ses dons et qu'il devienne ce que le peu de ressources familiales ne lui aurait pas permis de devenir Non sans déchirement, les parents acceptèrent pour le bien de l'enfant. Le voyant progressivement se renfermer sur lui-même à la suite de cette séparation, le baron prit l'initiative de le placer à Niederau chez le pasteur Krebel, qu'il savait capable, avec sa femme, de lui apporter toute l'affection dont il avait besoin, tout en continuant de lui assurer sa protection financière. Il fut d'abord inscrit au collège de Pforta, en 1774, où il passa six années. Il fut remarqué par ses maîtres pour son application au travail et pour son intelligence. Là, il lut Lessing, dont les écrits le marquèrent pour toujours. Il se passionna pour la querelle qui agita le monde littéraire entre le pasteur Goetze et Lessing, celui-ci défendant contre celui-là le droit supérieur de la raison d'interpréter conformément à ses principes les Écritures. Il sentit souffler pour la première fois, dans les *Anti-Goetze* de Lessing, l'esprit de liberté qui l'animera toute sa vie. De 1780 à 1784, Fichte poursuivit ses études à l'université d'Iéna, puis de Leipzig, en théologie. De moins en moins séduit par cette discipline, il se rapprocha de plus en plus de la philosophie. Mais l'idée de liberté, à laquelle pourtant il fut tôt sensibilisé, ne réussit d'abord à s'imprimer que secrètement dans son cœur, car il s'enthousiasma au début pour Spinoza dont le système le conforta dans l'idée que le système du déterminisme universel est le seul possible. Il s'ensuivra une tension entre son cœur et son entendement, le premier exigeant, et le second refusant l'idée de liberté, sans qu'il pût trouver tout de suite le moyen d'y mettre un terme et de pacifier leur rapport.

Une célébrité précoce

Lorsque Fichte sort de l'université comme candidat en théologie, il ne souhaite pas devenir pasteur. Mais il lui faut bien vivre et la veuve de son bienfaiteur ne lui verse plus d'argent, car elle désapprouve ses choix et se trompe sur son caractère dont elle ne perçoit pas tout le sérieux. Commence alors pour Fichte une période pénible qui va durer plusieurs années. Il vit de préceptorats, non sans avoir parfois quelques démêlés avec les parents de ses jeunes élèves quand ses idées sur l'éducation autant que son caractère inflexible rencontrent une résistance. Il voyage. À Zurich, où il arrive en 1788, il est introduit par le pasteur Lavater dans la maison des Rahn, fréquentée par de brillants esprits. Il y rencontre une jeune fille distinguée, Jeanne Rahn, avec laquelle il va se fiancer en secret. Elle deviendra sa femme, dont il aura un fils. Il ne veut pas, toutefois, d'un bonheur conjugal immédiat. Promettant à Jeanne de l'épouser plus tard, il veut d'abord s'acquérir une renommée dans la science par des travaux de valeur. Quittant la Suisse, sa situation devient précaire, mais son bonheur n'en est pas moins immense quand, en 1790, il découvre enfin, grâce à la lecture de la seconde *Critique* de Kant, que la liberté est conciliable avec le déterminisme des phénomènes. Il n'hésite pas à écrire à sa fiancée qui commence à trouver le temps long en son absence, qu'il est en train de vivre les plus beaux jours de sa vie ! En 1791, le voilà contraint d'accepter un poste de précepteur à Varsovie, chez les Plater. Il démissionne presque aussitôt, et il décide d'aller à Königsberg rencontrer Kant, qu'il admire tant. Mais il est déçu par la première rencontre avec le grand homme. Admis à ses cours, il les trouve ennuyeux. N'étant pas parvenu, de surcroît, à se distinguer auprès de lui, il décide de ne reparaître devant lui qu'avec un essai philosophique digne de retenir son attention. Il se met au travail avec acharnement, et, au bout d'un mois, il lui adresse son *Essai d'une Critique de toute révélation*. Il s'acquiert cette fois l'estime de Kant qui juge le manuscrit bon et publiable en l'état. Mais à ce moment même où il triomphe auprès de son maître, il a épuisé toutes ses économies et n'a même plus de quoi faire le voyage pour rentrer chez lui en Saxe. À qui va-t-il oser demander une avance d'argent ? À Kant ! Pour toute aide, celui-ci lui propose d'adresser son manuscrit à son éditeur. Fichte est flatté, mais le fait est qu'il devra se débrouiller autrement. En outre, son livre est d'abord interdit par la censure. Mais en 1792, pour la seconde fois dans sa vie, les circonstances vont prendre un tour exceptionnel. La censure est levée, mais par une inadvertance de l'éditeur, son livre est publié sans nom d'auteur. Comme il est écrit dans la terminologie kantienne, et qu'il est publié à Königsberg par Hartung, l'éditeur de Kant, son livre passe pour être de Kant, et il est encensé par la critique. On apprend vite, et avec quel étonnement, le vrai nom de l'auteur. Fichte a désormais un nom! Il peut alors retourner à Zurich pour épouser Jeanne.

Fichte et la Révolution française

La Révolution française a un grand retentissement en Allemagne. Elle passionne les esprits et est d'abord accueillie favorablement outre-Rhin par les savants et même par une partie de la noblesse. Mais le parti des contre-révolutionnaires va rapidement retourner l'opinion dominante et les sympathisants de la première heure, comme Klopstock, vont faire marche arrière. Les critiques virulentes de Burke en Angleterre contre la Révolution française trouvent un écho en Allemagne chez le chancelier Rehberg, qui publie en 1793 ses *Recherches sur la Révolution française, avec un compte rendu critique des ouvrages les plus remarquables parus en France à ce sujet.* Fichte oppose sans tarder à Rehberg, avec la violence d'un polémiste, ses *Contributions destinées à rectifier les jugements du public sur la Révolution française.* Il les publie sous l'anonymat, en y défendant l'institution historique d'une Constitution guidée par les principes de la raison, et dans laquelle il retrouve l'essentiel des thèses du *Contrat social* de Rousseau. Ses *Contributions* font suite à la publication, la même année, de son *Appel aux princes européens pour revendiquer la liberté de pensée*, en réponse aux édits de 1791 sur la censure et la religion. Dès ses premiers travaux, Fichte est donc un penseur engagé, qui refuse de séparer la pensée et l'action. Même s'il n'a pas signé ces deux essais, on ne tarde pas à découvrir qu'il en est l'auteur, et les tenants « du trône et de l'autel » vont engager contre lui et ce qu'ils appellent son jacobinisme une bataille acharnée.

La querelle de l'athéisme

En 1794, Reinhold, appelé à Kiel, laisse vacante la chaire de philosophie kantienne à l'université d'Iéna. Grâce à l'appui de Goethe, la Cour de Weimar, qui fait alors preuve d'un certain courage politique, fait appel à Fichte pour lui succéder. Reinhold jouissait alors d'un immense prestige et les étudiants lui rendirent un hommage vibrant à l'occasion de son départ. Il fallut tout le talent de Fichte et la fascination immédiate que sa parole exerça sur ses auditeurs pour ne pas pâtir de la comparaison avec un tel prédécesseur. Le succès de Fichte, qui venait de mettre au point sa Doctrine de la science, fut cependant si éclatant, que sa renommée surpassa bientôt celle de Reinhold. Elle lui attira des étudiants venus de toute l'Allemagne, et lui valut d'être appelé « l'âme d'Iéna ». Mais sa gloire renforça la détermination de ses ennemis qui l'attaquèrent dans leur journal *l'Eudaemonia*. Fichte eut à supporter les incessantes calomnies des partisans du « trône et de l'autel ». On l'accusait de vouloir substituer le culte de la Raison à celui de Dieu, de vouloir importer en Allemagne les violences sorties de la Révolution française et de professer un évangile de guillotineur.

Alors qu'il dirige depuis 1797 avec Niethammer le *Journal philosophique*, il publie un article du recteur Forberg sur le *Développement du concept de la religion*, joint à sa propre réponse à cet article, *Le fondement de notre croyance en une divine Providence*, qui va amorcer sa chute. Il y défend la conception d'un Dieu identique à l'ordre moral du monde et qui n'a rien à voir avec une substance immobile extérieure à la conscience et créatrice du monde. Ses détracteurs s'empressent de l'accuser d'athéisme et le dénoncent auprès des princes. L'amitié de Goethe et la bienveillance à son égard du gouvernement de Weimar, cette fois, ne suffiront plus à le protéger. La Cour de la Saxe exige que la Cour de Weimar prenne des sanctions à l'encontre du célèbre professeur d'Iéna. Fichte se défend. Il publie un *Appel au public contre l'accusation d'athéisme* suivi d'une *Réponse juridique à l'accusation d'athéisme*. De nombreux savants et hommes de lettres lui apportent publiquement leur soutien. Rien n'y fait. Accusée elle-même de faiblesse et de complaisance envers les ennemis des princes et de l'Église, la Cour de Weimar, en guise de compromis, choisit d'adresser un blâme à Fichte. Mais là où Kant avait reculé devant le roi de Prusse lui interdisant la publication d'une partie de la *Religion dans les limites de la simple raison*, Fichte, lui, est décidé à ne rien céder. Il envoie au conseiller Voigt une lettre dans laquelle, au nom de la liberté de penser et d'enseigner, il menace non seulement de démissionner si un blâme devait lui être adressé, mais encore d'amener d'autres professeurs de renom à le suivre. Piqué au vif, Goethe, alors ministre, crie au chantage et accepte séance tenante la démission de Fichte, qui se trouve contraint de se réfugier à Berlin. En 1799, c'en est fini de la gloire de Fichte à Iéna.

Les premières années à Berlin

Les premières années de Fichte à Berlin sont maquées par les controverses et le déclin progressif de son prestige. Il trouve d'abord des soutiens précieux et noue des amitiés sincères, mais ils seront de courte durée. Frédéric Schlegel l'accueille chaleureusement à Berlin et l'introduit dans le cercle naissant de l'école romantique qui se réclame au départ de la Doctrine de la science. Avec Schelling, les romantiques font bloc autour de Fichte quand, dans l'*Allgemeine Literaturzeitung*, Kant fait paraître le 28 août 1799 sa *Lettre ouverte touchant la Doctrine de la science de Fichte*, où il désavoue le système de Fichte en lequel il refuse de voir le continuateur de la philosophie critique. Au lieu de signer la chute du système fichtéen, cette déclaration marque à leurs yeux la fin du règne de Kant, incapable de se hisser à la hauteur des nouvelles découvertes philosophiques et désormais dépassé par celles-ci. « Kant a perdu par là même tout droit de continuer à parler : philosophiquement, il est mort » (B, GA III/4, 68, 55), écrit tout net Schelling à Fichte dans sa lettre du 12 septembre 1799. Fichte espère alors en une collaboration fructueuse avec Schelling et les frères Schlegel et nourrit le projet de créer avec eux un *Institut critique*, un nouveau journal scientifique destiné à promouvoir le véritable esprit du criticisme. Mais rapidement des brouilles vont y mettre un terme. L'orientation réelle et les aspirations véritables des penseurs et des poètes romantiques ne tardent pas à se préciser, et elles se révèlent contraires aux principes de la Doctrine de la science. Le romantisme de Tieck, de Novalis, de Schleiermacher, et bientôt de Schelling, revêt la forme d'un mysticisme naturaliste, d'une divinisation de la nature, ce qui équivaut pour Fichte à réhabiliter le dogmatisme et la Chose en soi. La Doctrine de la science ne tarde pas à être attaquée par Schleiermacher dans ses *Discours sur la religion*, et à partir de 1800, la correspondance avec Schelling laisse éclater tout ce qui sépare la *Wissenschaftslehre* de la *Philosophie de la nature*. Aussi est-ce en partie pour se démarquer du romantisme inscrit par Tieck dans la lignée de Jacob Boehme que la *Destination de l'homme* est publiée en 1800, et pour répondre au système de l'identité de Schelling qu'est rédigée la *WL* de 1801. Mais rien n'endigue le succès des nouvelles idées qui prétendent à leur tour dépasser ou compléter la Doctrine de la science. C'est dans une perte progressive d'influence, exposé aux moqueries et aux sarcasmes de Nicolaï et de Jean-Paul, déçu par les prises de position de Jacobi et de Reinhold, que Fichte travaille d'arrache-pied pendant trois ans, sans rien publier, à refondre l'exposition de la Doctrine de la science, en vue de rallier les esprits compétents mais aussi de s'en approprier mieux le contenu. Ce n'est qu'en 1804, après avoir achevé une nouvelle version de la *WL*, que Fichte décide de donner à nouveau des leçons. Elles ont lieu chez lui, devant un public choisi. Il s'agit des *Traits caractéristiques du temps présent*. Elles remportent un franc succès auprès de l'auditoire, et vont lui servir de tremplin pour retourner en chaire. Deux ministres influents du gouvernement de Prusse ayant suivi avec enthousiasme ses conférences, lui obtiennent un poste de professeur à l'université d'Erlangen. Il y professera ses leçons sur *l'Essence du savant*, avec lesquelles il n'obtiendra, pour la première fois de sa carrière, qu'un succès médiocre. Il n'en voudra que davantage réformer l'université, mais les événements politiques de 1806 empêcheront la réalisation immédiate de ce projet.

De l'invasion de la Prusse à la guerre de 1813. La mort de Fichte

En 1806, Napoléon envahit la Prusse. Jusqu'en 1813, Fichte combattra tout ce que représente à ses yeux celui qu'il appellera « l'homme sans nom », c'est-à-dire le despotisme, l'impérialisme, le traître aux idées nées de la Révolution française. Il veut être prédicateur aux armées, ce qui lui est refusé. Devant l'occupation imminente de Berlin par les troupes françaises, Fichte se replie à Königsberg, où il ne restera qu'assez peu de temps, mais où il obtient par le ministre Beyme le poste de professeur intérimaire à l'université. Il publie en 1807, en réponse à la situation politique, les *Dialogues patriotiques*, et durant l'hiver 1807-1808, il prononce à l'Académie de Berlin, non sans prendre des risques alors que la ville est occupée, ses fameux *Discours à la nation allemande*, à la fois tournés contre Napoléon et l'État prussien. Il y prône la régénération de l'Allemagne affaiblie par le joug de l'occupant et le recouvrement de son unité, non par l'exaltation guerrière et l'emploi des armes, mais par l'éducation, une éducation nationale, une éducation pour tous, la seule arme capable d'engendrer un esprit nouveau, et de vaincre, grâce au savoir et aux progrès de la raison, la dégradation morale dans laquelle les princes, faisant passer leurs intérêts personnels avant celui des peuples, et prêts à toutes sortes de compromissions et d'alliances coupables avec l'ennemi, ont précipité l'Allemagne. Il est remarquable que le patriotisme de Fichte, aspirant à faire éclore en Allemagne des idées conformes à la destination de tous les hommes, est le plus souvent opposé au nationalisme romantique tel que le revendiquent un A.-W. Schlegel ou un Novalis qui rêvent d'une nouvelle alliance, au besoin par la guerre, du trône et de l'autel, là où Fichte est l'ennemi décidé de la théocratie et de la monarchie absolue.

La même année 1807, Beyme, qui a de longue date le projet de fonder une nouvelle université à Berlin, donne à Fichte l'occasion de mettre à exécution ses idées sur l'éducation en lui demandant un plan pour la création de cette université. Il faudra attendre 1809, sous l'impulsion de W. de Humboldt, à qui Beyme confie la réalisation du projet, pour que l'université voie le jour. Fichte et Schleiermacher sont recrutés, mais c'est le plan d'organisation de Schleiermacher, également consulté sur cette entreprise, qui emporte finalement l'adhésion. C'est le début d'une longue rivalité entre les deux hommes. Fichte doit faire face au succès grandissant de la Philosophie de la nature, dont Schleiermacher, bientôt rejoint par Steffens, l'ancien élève de Schelling, est le puissant représentant à l'université. Élu recteur en 1810, Fichte est rapidement contraint de démissionner, car il rencontre une résistance massive de ses collègues et du Sénat académique devant sa volonté, notamment, de mettre un terme à la pratique des duels encore existante à l'université ainsi qu'aux Ordres d'étudiants. Renouant exclusivement avec sa tâche de professeur, Fichte continue infatigablement de multiplier pour ses auditeurs les approches sur la Doctrine de la science, d'en donner d'autres versions, et travaille encore à fournir un système du droit, de la morale et de l'État.

En 1813, lorsque le roi de Prusse profite enfin de l'affaiblissement de l'armée napoléonienne pour déclarer la guerre à la France, l'attitude de Fichte est en apparence contraire à tout ce que laissaient attendre de lui ses *Discours à la nation allemande*. – En apparence seulement, car elle ne se comprend bien que par fidélité à son idéal républicain. À la différence de la plupart de ses collègues, il accueille défavorablement l'*Appel du roi à son peuple* lancé le 3 février. Non pas, en réalité, qu'il ne veuille plus l'indépendance de la Prusse et de l'Allemagne en général ; mais il y voit la même chose que ce qu'il rejette au fond en Napoléon, à savoir la même façon despotique de s'approprier un peuple, d'en disposer, d'en faire, précisément, « son » peuple, de lui ôter toute volonté propre. Aussi traduit-il l'*Appel* ainsi : « Levez-vous pour être mes valets et non ceux d'un étranger ! Y répondre serait folie » (ADE, SW VII, 547-553, trad. X. Léon, Fichte et son temps, Tome II, Deuxième partie, p. 252). Mais comme Fichte place l'intérêt de la Prusse au-dessus de l'intérêt privé du prince qui la gouverne et qui ne l'engage pas à se soulever pour les bonnes raisons, il finit malgré tout par se rallier à la guerre. La plus grande erreur, mieux, la plus grande faute, serait d'accepter, comme un Jean de Müller, l'historien romantique, la domination de Napoléon et d'y voir un homme providentiel.

Malheureusement, Fichte ne verra pas la chute de l'Empereur. Sa femme se porta courageusement volontaire pour secourir les blessés et contracta le typhus. Fichte la crut perdue. Mais au moment même où sa santé commença à s'améliorer, Fichte attrapa la maladie à son tour. Lui n'en guérit pas. Il mourut le 29 janvier 1814, sans que les journaux s'en émeuvent beaucoup.

LA PENSÉE DE FICHTE

Le projet de la Doctrine de la science

Si savoir quelque chose est possible, ce doit être en vertu d'un principe qui fonde le Savoir comme tel, c'est-à-dire qui soit lui-même un savoir qui ne dépende pas à son tour d'un savoir plus élevé. En l'absence d'un tel savoir inconditionné, fondé seulement en lui-même à partir de lui-même, toute la chaîne du savoir où chaque proposition se rapporte à une autre qui lui communique sa certitude, resterait en suspens, sans rien qui la garantisse. La philosophie serait alors incapable de se constituer comme science, c'est-à-dire telle qu'en elle-même, car « si le mot de philosophie doit signifier quelque chose de précis il ne peut désigner que la science » (EE, SW I, 424, 246). Or, en n'admettant pas qu'il puisse y avoir, pour notre raison finie, un savoir absolu capable de s'élever jusqu'à l'inconditionné, la philosophie kantienne, malgré sa grandeur et sa vérité, s'expose, aux yeux de Fichte, au reproche de ne pas avoir fondé la philosophie elle-même. C'est dans ce sens que Fichte veut achever le kantisme, en reconduisant la vérité éparse et seulement indiquée qu'il contient à l'unité suprême du principe inconditionné de tout savoir. En prenant ainsi le savoir comme objet, pour montrer comment, à partir de sa propre vie, il passe en nous du savoir pur ou absolu au savoir empirique contenu dans la conscience de soi et du monde, la Doctrine de la science (*Wissenschaftslehre*) est elle-même la science qui rend compte de la possibilité et de l'effectivité de la science, entendue comme savoir rigoureusement démontrable à partir de principes qui, n'étant pas eux-mêmes démontrables, conditionnent toute démonstration. Ces principes, dont seul le premier est absolument principe, seront ceux de la Doctrine de la science.

Cet effort de systématisation du kantisme ne naît pas cependant avec Fichte. Il fait suite, notamment, à la tentative de Reinhold, que Fichte estime insuffisante, mais non pas dénuée d'importance. Dans sa Philosophie des éléments, Reinhold pense avoir trouvé le principe premier auquel toute la philosophie de Kant peut être ramenée : c'est le principe de conscience, laquelle est d'abord saisie comme pouvoir de représentation. Ce principe doit pouvoir s'énoncer à partir de la représentation elle-même, car c'est d'elle que se tirent tous les éléments dont la combinaison forme la connaissance, à savoir un objet et un sujet de la représentation qui, comme tels, se rapportent à celle-ci en même temps qu'ils s'en distinguent. L'objet représenté renvoie d'une part à la matière de la représentation, comme divers sensible reçu dans l'intuition, et d'autre part à la forme de la représentation, comme liaison de ce divers effectuée par la spontanéité du sujet.

Considérer la représentation comme principielle ne va cependant pas sans contradiction. Elle est un point d'arrivée, bien plus qu'un point de départ. Elle est un Fait, c'est-à-dire est le résultat de ce qui la fait. Elle présuppose une activité de la conscience, bref, une série d'actes de l'esprit. Ce sont donc ces actes qui sont vraiment originaires et dont il faut partir. Ainsi la représentation, loin de pouvoir servir à expliquer la connaissance, est-elle bien plutôt elle-même ce qui est à expliquer. Encore ne s'agit-il pas de la représentation que je forme librement par mon imagination, car celle-ci n'a pas besoin d'explication (elle est ainsi, simplement parce que je l'ai imaginé ainsi), mais seulement de la représentation qui est « accompagnée du sentiment de nécessité » (EE, SW I, 423, 245), soit la représentation relative à la connaissance, étant donné que « dans l'acte de connaissance nous ne nous sentons pas libres par rapport au contenu des représentations » (EE, SW I, 423, 245). Nous estimons en effet que la vérité n'est pas quelque chose qui dépend de nous, ou, ce qui revient au même, qu'une représentation, pour être vraie, a besoin de se rapporter à un modèle en dehors d'elle-même, qu'elle reproduit mais ne crée pas. Dans la mesure, donc, où l'ensemble de nos représentations accompagnées du sentiment de nécessité forme « l'expérience » (EE, SW I, 423, 246), la philosophie doit avoir pour but d'expliquer l'expérience, ce qui veut dire en exhiber le fondement. Chercher le principe de la connaissance et chercher le fondement de l'expérience sont ainsi la même chose et forment une seule tâche : « Quel est le fondement du système des représentations accompagnées du sentiment de nécessité et de ce sentiment lui-même ? Répondre à cette question est la tâche de la philosophie, [...] et nous avons nommé Doctrine de la science la science qui doit résoudre [ce] problème » (EE, SW I, 423-424, 255-256).

Idéalisme et dogmatisme

La recherche du fondement de l'expérience, comme tâche de la philosophie, montre en même temps qu'il n'y a que deux systèmes possibles de philosophie : l'idéalisme et le dogmatisme. Le fondement n'étant pas situé sur le même plan que le fondé, sous peine de se confondre avec lui, il faut pouvoir s'élever au-dessus de l'expérience pour atteindre à ce qui la fonde. Mais ce serait comme vouloir se hisser au-dessus de nous-mêmes, qui sommes plongés dans l'expérience, sans pouvoir en sortir jamais à cause de notre condition sensible. La difficulté n'a en fait rien d'irrémédiable et peut être tournée grâce à notre faculté de réflexion et d'abstraction. Faire abstraction d'une chose, c'est pouvoir s'en détacher, donc s'élever au-dessus d'elle. En *réfléchissant* sur l'expérience, je peux faire *abstraction* de l'un ou l'autre de ses deux pôles essentiels, qui sont, du côté du sujet de l'expérience, l'Intelligence (ou la pensée), et du côté de l'objet de l'expérience, la Chose (ou ce qui est pensé). Faire abstraction de l'un ou de l'autre, c'est faire abstraction de l'expérience elle-même, car la chose indépendamment de l'intelligence qui la pense est la chose en soi retirée au-delà de l'expérience, et l'intelligence indépendamment de son objet ou de la matière de l'expérience ne descend pas non plus jusqu'à elle. Si bien que l'un ou l'autre de ces termes, en étant situé au-dessus de l'expérience, en est le fondement possible. Ainsi, dans le premier cas, en faisant abstraction de l'intelligence, j'obtiens, comme fondement de l'expérience, la Chose en soi, et l'on a alors le dogmatisme. Dans le second cas, en faisant abstraction de la chose, j'obtiens, comme fondement de l'expérience, l'Intelligence en soi, et l'on a alors l'idéalisme.

Lequel des deux principes est le vrai ? Pour Fichte, la réponse que l'on donne à cette question engage tout ce que l'on est comme homme, et témoigne, sans appel, de l'aptitude ou de l'inaptitude que l'on a à philosopher. Le vrai philosophe, pour Fichte, est idéaliste.

Mais comment établir la supériorité de l'idéalisme sur le dogmatisme, quand on sait qu'ils ont chacun en propre de nier le principe de l'autre, et que, partant, les raisons du dogmatique sont sans effet sur l'idéaliste, et inversement ? Pour le philosophe idéaliste, l'Intelligence ou la pensée est une agilité interne, une libre activité, c'est-à-dire une activité qui ne peut résulter d'aucune cause qui lui soit extérieure, dans la mesure où elle se détermine elle-même. L'Intelligence est, de ce point de vue, « un être absolument premier » (EE, SW I, 437, 255), donc un absolu. Mais pour le philosophe dogmatique, la liberté est une impression illusoire dont la présence en nous comme fait, trouve à s'expliquer, comme n'importe quel autre fait, par la préséance et la détermination de l'être en dehors de nous. Seule l'ignorance de ce qui nous détermine fonde notre croyance en la liberté. Comme exemplaire du raisonnement dogmatique, Fichte cite le professeur de droit qui s'est fait connaître sous le pseudonyme d'Alexander von Joch : « Toutes les choses sont déterminées par la nécessité de la Nature ; or nos représentations dépendent des propriétés des choses et notre volonté de nos représentations ; par conséquent, toute notre volonté est déterminée par la nécessité de la Nature et notre croyance en la liberté de notre volonté est une illusion » (EE, SW I, 440, 257).

Cela nous amène à la difficulté principale : la liberté ne se démontre pas par concepts, et le meilleur raisonnement ne peut en établir la preuve. Celui qui ne fait pas, sur le vif, dans l'intimité de son esprit, l'expérience de la détermination de l'intelligence par elle-même, n'accédera jamais à la compréhension de la liberté. Pouvoir convaincre le dogmatique supposerait la présence en lui de ce qui lui fait défaut et qu'on ne peut, « par aucun art humain » (EE, SW I, 435, 253) lui communiquer de l'extérieur : la saisie interne, directe, illuminatrice, de son propre agir sur soi. Il y a, en somme, une circularité nécessaire (vertueuse et non vicieuse) de la preuve de la liberté : ce qui est à prouver ne peut l'être qu'au moyen de ce qui est à prouver, attendu que la liberté est absolument première. Ce qui donc en interdit la révélation au dogmatique, est qu'il faut déjà s'être installé en elle, autrement dit avoir au moins commencé à nourrir en soi et à se forger un caractère et une mentalité d'homme libre, par opposition à ce que Fichte appelle « une mentalité de valet » (EE, SW I, 434, 253), pour pouvoir l'intuitionner. « Il est nécessaire d'avoir atteint un certain degré d'autonomie et de liberté de l'esprit pour comprendre la description de l'essence de l'intelligence, sur laquelle se fonde toute notre réfutation du dogmatisme » (EE, SW I, 439, 256). C'est de là que se comprend l'affirmation de Fichte : « Ce que l'on choisit comme philosophie dépend ainsi de l'homme que l'on est » (EE, SW I, 434, 253).

Ce serait un contresens de voir dans cette insistance sur ce que l'on est une relativisation de la preuve de la vérité de l'idéalisme et de la fausseté du dogmatisme, parce qu'elle serait entachée de subjectivité. Sans doute, l'intérêt plus ou moins vif que l'on a pour l'indépendance et l'autonomie de son esprit, va décider subjectivement du parti philosophique que l'on va prendre. Qui est porté avant tout à ne jamais se dessaisir de lui-même ne pourra se percevoir comme un effet ou un accident du monde extérieur et rejettera le dogmatisme, au lieu que celui pour qui l'attachement aux choses extérieures est premier et qui ne peut s'apercevoir lui-même que par l'intermédiaire de celles-ci, l'embrassera plus facilement. Mais cette dimension subjective de l'intérêt ne fait pas partie de la preuve elle-même ; elle en conditionne seulement l'accès en rendant l'esprit disponible pour elle.

En quoi consiste alors l'essence de l'intelligence ? À ne pas simplement être, mais à être pour elle-même, à se savoir être. Elle se rattache ainsi à deux séries en même temps, celle de l'être, qui est réelle, et celle du savoir, qui est idéale. Elle n'est pas du coup *un* être, mais *ce dont* l'être consiste tout entier à « s'apercevoir » elle-même : « cette vision-de-soi embrasse immédiatement tout ce qu'elle est ; la nature de l'intelligence consiste dans cette immédiate union de l'être et du voir » (EE, SW I, 435, 254). Son être est donc un acte. Mais pour s'en rendre compte, il faut voir cette vision-de-soi, apercevoir cette auto-aperception, donc diriger librement son attention sur celle-ci. C'est donc parce que cela suppose l'effectuation d'un acte libre que le dogmatique ne peut saisir l'essence de l'intelligence. C'est ce qui à rebours est *un* être qui appartient exclusivement à la série de l'être, car il n'est rien pour lui-même mais seulement pour une intelligence extérieure. Telle est la « chose » (EE, SW I, 436, 254), c'est-à-dire encore la matière privée de pensée qui ne répond qu'au principe de causalité. Ainsi tout n'est que mécanisme dans la série de l'être.

Or, si tout effet est proportionné à la nature de sa cause, une cause matérielle ne pourra jamais engendrer que des effets matériels, et un être n'aura jamais d'effet que sur un autre être. Bref, de la série de l'être, on ne peut passer, par simple application du principe de causalité, à la série de la représentation et de l'aperception. La matière ne peut produire la pensée. Cela n'est pas sans rappeler le paragraphe 17 de la *Monadologie*. Leibniz, en « feignant qu'il y ait une Machine, dont la structure fasse penser, sentir, avoir perception », y faisait déjà remarquer qu'il ne pourrait jamais résulter, du jeu de son mécanisme, que des poussées et des frictions entre ses « pièces », mais jamais aucune perception, parce que celles-là supposent pour se produire des « figures » et des « mouvements » dont chacun d'eux est divisible à l'infini, tandis que celle-ci suppose une « Action interne », autrement dit une spontanéité dont le foyer n'est pas étendu en longueur, largeur et profondeur, et est partant indivisible. Toute l'erreur du dogmatique est là : il veut expliquer la représentation par la chose, l'aperception par la matière, l'absence de mécanisme par le mécanisme même. « Il vous fallait, dit Fichte en s'adressant au dogmatique, prouver le passage de l'être à la représentation ; c'est ce que vous ne faites pas ni ne pouvez faire ; en effet, votre principe n'enveloppe que le fondement d'un être et non celui de l'acte de représentation entièrement opposé à l'être. Vous faites un saut fantastique dans un monde totalement étranger à votre principe » (EE, SW I, 437, 255).

Mais, du coup, ce n'est pas seulement comme principe que la chose en soi est mise en défaut, c'est en elle-même. Invoquée à l'origine pour expliquer l'expérience, elle doit être supprimée, puisqu'elle ne l'explique pas.

Le premier principe de la WL

Même si le vocabulaire de Fichte est très précis, il a toujours revendiqué la supériorité de l'esprit sur la lettre et la liberté de ne pas s'enfermer dans une terminologie invariable pour exposer sa doctrine. Seul l'esprit de la doctrine doit être invariablement saisi ; la même idée sera dans ce cas toujours comprise, même si la forme apportée à son expression change. Jamais le mot de Pétrarque n'aura été mieux entendu que par Fichte : « En effet la plupart des ignorants s'en tiennent aux mots comme un naufragé à une planche, et ne pensent pas qu'on puisse bien dire une chose de plusieurs manières. Si grande est la faiblesse de leur intelligence ou de langue qui leur sert à exprimer leurs idées ! » (*Sur sa propre ignorance et celle de beaucoup d'autres*, Rivages Poche, 2012, p. 112).

Ce que Fichte appelle dans la *Première introduction* de 1797 l'essence de l'intelligence, et dont il fait le principe de l'idéalisme, est identique à ce qu'il nomme le Moi pur ou absolu, dont il fait dès 1794 le premier principe de la *WL*. Le Moi pur est strictement égal à l'intuition intellectuelle au moyen de laquelle il se saisit lui-même. Car il n'est précisément rien que l'acte de se saisir lui-même. Si j'observe en effet la manière dont je procède pour former le concept de mon Moi (ou, ce qui revient au même, de mon Soi), je trouve que seule intervient comme nécessaire pour accomplir cette opération, l'action de faire retour en soi. Si bien que le Moi est exactement l'acte que je produis pour le penser. « Pense-toi toi-même, demande Fichte, construis le concept de ton Soi et observe comment tu procèdes. Le philosophe affirme que celui qui fera cela, découvrira que dans la pensée de ce concept son activité, comme intelligence, se réfléchit en elle-même et fait de soi son propre objet » (ZE, SW I, 458, 268). Entendons bien : cela veut dire, non pas que le Moi est ce vers quoi la pensée se tourne, mais l'action de se tourner vers soi ; non pas qu'il soit là avant la pensée qui le vise, mais qu'il est là dans la visée de soi. Si tel n'était pas le cas, il serait un être, une chose, un substrat, quelque chose de déjà constitué avant de penser et qui serait cause de la pensée. Or, si la pensée, suivant le principe de l'idéalisme, ne peut être causée par une chose, le Moi est tout sauf une chose qui pense, comme chez Descartes. Il est d'emblée une pensée que rien ne précède et qui se contient à l'origine comme objet, donc un sujet qui n'est jamais seulement sujet mais qui est toujours en même temps objet, un « sujet-objet » ou une « sujet-objectivité (Subjekt-Objektivität) » (ZE, SW I, 502, 300), en un mot, une intuition intellectuelle : « Seule la réflexion en soi-même (*das Zurückkehren in sich*) appartient au Moi. [...] Qu'en est-il de cette réflexion en soi-même ? [Réponse :] il s'agit donc d'une simple intuition » (ZE, SW I, 458-459, 269).

Aussi bien, dans l'expression : « Moi pur », « pur » s'oppose à « empirique ». Est empirique tout ce qui tombe *sous* la conscience, tout ce qui fait l'objet *de* celle-ci. Est empirique, en somme, ce qui est représenté, ce qui est posé comme *opposé* au sujet qui le pose. Le Moi pur est donc irreprésentable. Une fois devenu objet de la conscience, il n'est plus « pur ». Aussi n'est-il pas la conscience elle-même, mais le principe de la conscience, ce qui conditionne sa possibilité.

On le fait voir comme suit. L'*acte* au moyen duquel je me représente quelque chose, ne peut pas se représenter lui-même, car il cesserait à ce moment-là de représenter la chose initiale. Pour être représenté, cet acte en suppose un autre, qui à son tour en suppose un autre pour être représenté, et ainsi de suite à l'infini. Ce qui ne peut se tenir du côté du représenté pendant l'acte de se représenter quelque chose, est le Moi pur. Il est la *vie* de l'acte. On ne confondra donc pas le Moi pur comme « spiritualité en général » (ZE, SW I, 504, 302), qui est la vie la plus profonde de mon être en même temps que la source rationnelle commune à tous les hommes, avec l'individu empirique (« la personne déterminée, que je nomme Caius ou Sempronius » (ZE, SW I, 501, 300)), qui n'est que ce comme quoi chacun se distingue de tous les autres hommes.

Dans la *Grundlage* de 1794, la mise en évidence du premier principe s'effectue précisément à partir de cette distinction entre ce qui est pur et ce qui est empirique. Par un procédé ascendant-réductif, on abstrait successivement d'une proposition communément admise au départ comme certaine, tout ce qui est empirique en elle, de sorte que le noyau pur obtenu à la fin nous donne le principe absolu de toute certitude. Celui-ci se dégage en deux temps. On remonte d'abord au *fait* (*Tatsache*) premier de la conscience empirique, et, de là, à *l'acte* originaire dont dépendent à la fois tous les actes et tous les faits possibles de conscience.

Soit la proposition logique : A = A. Qu'est-ce qui, en elle, est certain ? Ce n'est pas A, dont on ne sait rien, pas même s'il existe ou non. Mais on sait que *si* A est posé, *alors* il est posé *en tant que* A. C'est donc le rapport entre le « si » et le « alors » qui est reconnu comme certain dans la proposition. Mais où ce rapport est-il posé, sinon dans le Moi ? Et par quoi l'est-il, sinon par le Moi ? A ne peut donc se conserver identique à lui-même que parce que le Moi dans lequel A est posé et le Moi qui le juge identique à lui-même (ou, ce qui revient au même, qui le pose *comme* A), sont eux-mêmes identiques. Bref, rien ne pourrait être conservé comme égal à soi dans le Moi, si le Moi ne se conservait pas et ne se reconnaissait pas d'abord comme égal à lui-même. A = A, parce que Moi = Moi. « Populairement exprimé : Moi, qui pose A à la place du prédicat, conformément au terme qui a été posé à la place de sujet, je connais nécessairement mon acte de position comme sujet, c'est-à-dire moi-même réfléchis nécessairement sur moi et suis pour moi identique » (GWL, SW I, 95, 19). Ainsi ces deux propositions : « A = A » et « Moi = Moi », n'ont pas la même valeur. Celle-là est conditionnée, alors que celle-ci est inconditionnée. Le prédicat d'égalité à soi ne revient à A que *s'il* est posé comme sujet, ce qui n'a rien de nécessaire. En revanche, comme il faut toujours que le Moi soit déjà posé pour que quelque chose le soit en lui, la position du Moi n'est pas conditionnée par autre chose que lui-même. La position du Moi, le « Je suis », est donc nécessaire : « C'est donc le principe d'explication de tous les faits de la conscience empirique, qu'avant toute position dans le Moi, le Moi lui-même soit posé – [je suis] est le fait suprême de la conscience empirique » (GWL, SW I, 95, 20).

Mais si le « Je suis » vient d'abord de nous apparaître comme « l'expression d'un fait » (GWL, SW I, 94, 19), il ne peut pourtant pas endosser plus longtemps ce statut. Car avant de faire l'objet d'une représentation dans la conscience, la position du Moi est un *acte*. En effet, si, comme nous venons de le dire, la position du Moi n'est pas conditionnée par autre chose que lui-même, cela veut dire que le Moi *se* pose par soi. Le « Je suis » exprime par conséquent à l'origine l'acte d'auto-position du Moi qui est le vrai principe inconditionné de la connaissance. Dans l'auto-position, le fait d'être posé n'est plus simplement un fait, mais coïncide avec l'action de se poser. Elle est « *Tathandlung* », littéralement : fait-action. « Le Moi se pose lui-même, et il est en vertu de ce simple poser de soi par soi ; et inversement : le Moi est, et il pose son être, en vertu de son pur être. Il est en même temps le sujet de l'acte et le produit de l'acte » (GWL, SW I, 96, 20).

Comme la *Tathandlung* n'est pas une action continuellement successive, elle est soustraite au temps, elle est éternelle.

À l'inconditionnalité et à l'éternité de son acte s'ajoute son infinité : le Moi qui se pose ne rencontrant par définition que lui-même dans son pur acte d'auto-position, est infini. « L'activité du Moi consiste en une auto-position sans limites » (GWL, SW I, 214, 99). Ces trois propriétés du Moi se rassemblent en une seule qui les exprime toutes en même temps : l'absoluité. Le Moi est – « le sujet absolu » (GWL, SW I, 97, 21). Évitons ici toutefois le contresens initié par Schelling dans le *Vom Ich* de 1795, et reproduit par Hegel, influencé par la lecture schellingienne de Fichte, dans la *Differenzschrift* de 1800. Le Moi est absolu, mais il n'est pas l'Absolu. Loin qu'il faille les confondre, être absolu et être l'Absolu sont deux choses bien distinctes. L'Absolu est clos sur lui-même, alors que l'intuition intellectuelle, identifiée au Moi du premier principe, est liée tout au contraire au Moi empirique et n'est absolument pas close sur elle-même : « cette intuition ne surgit jamais seule, comme un acte complet de la conscience […] : car l'intuition intellectuelle est constamment liée avec une intuition sensible » (GWL, SW I, 463-464, 272). D'autant que l'intuition intellectuelle est ce qui rend possible la liberté, or la liberté est ouverte sur le monde, prête à agir sur lui. Isoler sur soi le Moi pur est réaliser une abstraction, mais il n'est pas lui-même réellement isolé. Établir une coupure réelle entre le Moi pur et le Moi empirique, c'est faire exister en soi ce qui n'a d'existence que pour la réflexion. Or, c'est exactement ce que Fichte au § 1 de la *Grundlage*, reproche à Spinoza d'avoir fait : « il sépare la conscience pure et la conscience empirique. Il pose la première en Dieu […]; quant à la seconde elle constitue les modifications particulières de la divinité » (GWL, SW I, 100, 23). Absorbée dans l'Absolu, c'est-à-dire une fois détachée de la conscience de soi réelle, la conscience pure (= le Moi pur) est anéantie, car elle n'existe en vérité qu'en rapport avec l'autre. À sa place est ainsi posée une « réalité extérieure au Moi » (GWL, SW I, 100, 23), c'est-à-dire une substance qui n'est pas immanente, comme le voudrait Spinoza, mais bien transcendante par rapport au Moi, puisque celui-ci n'a plus son fondement en lui-même, mais en dehors de lui-même, dans ce dont il n'est plus qu'un mode. L'identification du Moi absolu de départ à l'Absolu par sa séparation d'avec la conscience empirique se fait en somme au détriment du Moi absolu, car elle produit son annulation, et conduit par suite à le dépasser, à s'élever au-dessus de lui. C'est pourquoi Fichte écrit : « Spinoza a dépassé notre principe, dans la signification qui en a été indiquée. Il ne nie pas l'unité de la conscience empirique, mais il nie totalement la conscience pure […]; mais ce système est sans fondement, en effet, de quel droit dépasse-t-il la conscience pure donnée dans la conscience empirique? » (GWL, SW I, 100-101, 23-24). Identifier le Moi absolu du premier principe à l'Absolu, est donc si éloigné de la doctrine de Fichte, que c'est renverser l'idéalisme en son contraire, le dogmatisme, puisque cela aboutit, premièrement, à faire apparaître le Moi comme n'étant pas en soi, mais en autre chose, ce qui contredit l'essence du Moi, et, deuxièmement, à faire apparaître l'Absolu comme une chose au-dessus du Moi, donc à faire du Moi le produit d'une chose. De là l'opposition en ces termes de l'idéalisme critique dont se réclame Fichte et du dogmatisme de Spinoza comme la forme la plus systématique du dogmatisme : « Dans le système critique la chose est ce qui est posé dans le Moi, dans le système dogmatique, c'est ce en quoi le Moi est lui-même posé : le criticisme est par conséquent immanent parce qu'il pose tout dans le Moi; le dogmatique est transcendant parce qu'il dépasse le Moi » (GWL, SW I, 119-120, 36-37).

Le deuxième principe de la WL

Dans le premier principe, la forme et la matière de l'acte (à savoir, d'une part, *qu'*il ait lieu, et, d'autre part, qu'il soit *tel*), sont inconditionnées. Il n'en va pas de même pour le second principe. Celui-ci est second *principe*, car il est inconditionné dans sa forme; mais il est *second* principe, car il est conditionné dans sa matière par le premier principe.

Soit la proposition : – A n'est pas = A. Elle est tout aussi certaine que la précédente, et revêt le même statut qu'elle de « fait de la conscience empirique » (GWL, SW I, 101, 24). On remontera donc pareillement à la condition *a priori* d'où elle tire sa certitude.

Il ne s'agit plus d'une position, d'une thèse, mais d'une opposition, d'une antithèse ; non plus d'une affirmation, mais d'une négation. L'action d'opposer (– A à A) s'effectue, quant à sa forme, tout à fait indépendamment de l'action de poser (A en tant que A) : elle est libre d'être effectuée ou non. Quant à sa matière, en revanche, l'action d'opposer suppose l'action de poser, puisqu'elle ne peut se définir que par rapport à elle. De façon générale, il n'y a d'opposition rendue possible que par la position de ce dont l'opposé est l'opposé ; de négation que par la position de ce dont elle est la négation : – A « n'est pas ce qu'est A et toute son essence consiste à ne pas être ce qu'est A. Je sais de – A qu'il est le contraire d'un A quelconque » (GWL, SW I, 104, 26). L'action de poser supposant la position du Moi lui-même, l'action d'opposer, pour autant qu'elle est le contraire de la première, suppose la position du contraire du Moi, c'est-à-dire du Non-Moi. De même qu'il y a une action originaire de poser, et c'est la position du Moi, il y a une action originaire d'opposer, et c'est la position du Non-Moi, dans la mesure où il est opposé au Moi. « Originairement rien n'est posé, sinon le Moi ; et celui-ci est seul absolument posé (§ 1). En conséquence c'est par rapport au Moi seulement qu'une opposition absolue est possible. Dès lors l'opposé au Moi est = Non-Moi » (GWL, SW I, 104, 26). Cette opposition absolue est le second principe lui-même.

On ne confondra surtout pas le Non-Moi originaire avec un objet : il ne représente ni autrui, ni la matière, ni le monde. À proprement parler, il ne représente rien, car il n'est pas le contenu d'une représentation, mais ce qui contribue, avec les premier et troisième principes, à rendre possible la représentation elle-même. Avant d'appréhender la position d'autre chose que le Moi (autrui, la matière ou le monde), il faut déjà comprendre ce que veut dire poser le Moi *comme* non-posé.

Si, comme le Moi du premier principe, qui n'est que la pure pensée-de-soi, le Non-Moi du second principe n'est pas un objet, il est l'ouverture du champ dans lequel pourra être posé un objet en général, pour autant que l'objet, afin de pouvoir être posé, suppose déjà la possibilité pour la pensée de se diriger vers ce qui n'est pas elle. En effet, se représenter quelque chose, c'est déjà savoir que l'on est soi-même le représentant dans cette représentation, et non pas le représenté. C'est-à-dire le représenté n'est jamais saisi qu'à partir de cette distinction, par où il est impossible, à moins de s'engager dans une démarche circulaire, que cette distinction soit tirée à son tour du représenté. Il est par conséquent bien clair que le Non-Moi n'est pas d'abord un concept issu de l'expérience, que l'on aurait forgé à partir des objets de celle-ci. C'est ce que Fichte veut faire entendre dans ce passage : « quelque chose = X doit se trouver dans l'objet de la représentation, en vertu de quoi celui-ci doit se dévoiler comme étant à représenter et non comme représentant ; que maintenant tout ce en quoi se trouve cet X, soit objet de représentation et non sujet représentant, je ne puis l'apprendre d'aucun objet ; au contraire je dois déjà le savoir pour poser un objet quelconque » (GWL, SW I, 104-105, 26).

Le troisième principe de la WL

Le troisième principe est bien *troisième* car il est quant à lui formellement conditionné par les deux premiers : « cela signifie que la tâche qui appartient à l'acte, que soutient ce principe, est déterminée par les deux principes précédents » (GWL, SW I, 105, 27). En effet, il est appelé par ceux-ci pour dénouer la contradiction qu'ils font naître immanquablement. Si le Non-Moi est posé, alors le Moi ne l'est pas, ce qui supprime le premier principe. Si le Moi est posé, alors le Non-Moi ne l'est pas, ce qui supprime cette fois le second principe. Pourtant, les deux principes sont bien nécessaires, c'est-à-dire il faut qu'ils soient posés, sinon aucune conscience d'objet ni aucune conscience en général ne seraient possibles. Comment les deux premiers principes peuvent-ils alors être possibles ensemble ?

La solution de ce problème n'est pas quant à elle conditionnée par les principes précédents, ce pourquoi le troisième principe est inconditionné dans sa matière, et est par là troisième *principe* : la solution « ne peut être donnée inconditionnellement et absolument que par un décret (*Machtspruch*) de la raison » (GWL, SW I, 106, 27), c'est-à-dire par un acte absolu de celle-ci.

Si le Moi est ce dans quoi toute réalité peut être posée, et le Non-Moi ce qui intervient comme négation de toute réalité, et comme, par ailleurs, seul un acte de limitation peut venir composer réalité et négation, il faut que le Moi ne se pose en lui-même que comme limitable, et qu'il s'oppose en lui un Non-Moi pareillement limitable. Bref, pour que le Moi et le Non-Moi coexistent, « ils doivent se limiter réciproquement » (GWL, SW I, 108, 29).

Puisque l'acte de limitation rend possible l'acte d'opposition, c'est-à-dire évite l'annulation réciproque du Moi et du Non-Moi, les deuxième et troisième principes n'en forment en réalité qu'un seul. Le troisième principe ne fait qu'indiquer la modalité sous laquelle parvient à se réaliser « l'action d'opposition », en sorte que le troisième principe est ce comme quoi s'accomplit le second : « ces deux actions n'en font qu'une et ne sont distinguées que pour la réflexion » (GWL, SW I, 109, 29). L'action par laquelle les deux termes opposés se limitent l'un par l'autre ne peut ni « suivre » ni « précéder » (GWL, SW I, 109, 29) l'action qui oppose le Non-Moi au Moi, preuve qu'elles sont bien la même action. Elle ne la suit pas : en effet, on ne peut suivre que ce qui a déjà eu lieu ; or, sans la limitation, l'opposition resterait prisonnière d'une contradiction insoluble qui l'empêcherait d'avoir lieu. – Elle ne la précède pas davantage : en effet, la limitation ne peut pas venir avant l'opposition, car elle est suscitée par elle et intervient à cause d'elle.

Pas plus que l'opposition originaire, la limitation originaire n'est issue d'un procédé discursif de l'esprit : elle ne se déduit pas d'un concept dont il y aurait à analyser préalablement le contenu. La limitation est un acte. Or, autant un concept peut se déduire logiquement d'un autre concept, autant un acte ne se déduit pas logiquement d'un autre acte. Autrement dit, la limitation n'est pas le produit logique de la « composition » (GWL, SW I, 108, 29) des deux concepts de réalité et de négation. À preuve, la logique ne crée rien, ne pouvant ajouter à ce qui se tient déjà dans les prémisses ; au lieu qu'un acte crée quelque chose, pose quelque chose qui n'était pas déjà là. La logique vient toujours après l'acte et n'en est que le

reflet mort. Ainsi l'acte de limitation commence par poser
ce qu'il limite comme limitable, c'est-à-dire susceptible
de recevoir une quantité en général. Bref, il pose ce qui
sans lui ne serait pas, à savoir la quantitabilité ou la
« divisibilité » (GWL, SW I, 108, 29) des termes mêmes
qu'il limite. Du point de vue de la logique, la divisibilité
est contenue dans le concept de limitation ; du point de vue
de l'acte, la limitation engendre la divisibilité. Limiter le
Moi et le Non-Moi, *c'est* leur conférer la quantitabilité,
c'est les rendre divisibles, ce qu'ils n'étaient pas avant
(terme inévitable ici bien que nécessairement impropre,
car il n'y a pas encore de temps pour l'esprit) –, ce qu'ils
n'étaient pas avant l'opération de limitation. Il en va ainsi
de l'action de limiter (et de rendre limitable) comme des
autres actes originaires ou transcendantaux du Moi : elle
a sa raison véritable dans l'essence de l'esprit, et par là
« est déterminée par une loi particulière de notre esprit »
(GWL, SW I, 108, 29).

Comme la position d'un Moi et d'un Non-Moi
divisibles ne peut se faire que par le Moi et dans le Moi,
le troisième principe s'énonce complètement ainsi :
« J'oppose dans le Moi un Non-Moi divisible au Moi
divisible » (GWL, SW I, 110, 30). Le Moi dans lequel
les opposés sont posés n'est pas sur le même plan qu'eux.
Être le Moi qui pose et être posé dans le Moi sont deux
choses très différentes. Le Moi qui pose est le Moi absolu,
non divisible, qui comprend en lui toute réalité, car on
sait depuis l'exposition du premier principe que seul
est réel ce qui est posé *dans* le Moi : « Tout ce à quoi la
proposition A = A est applicable, possède, en tant que cette
proposition peut lui être appliquée, une réalité. Ce qui
est posé, par la simple position d'une chose quelconque

(d'un être posé dans le Moi), est en celle-ci réel » (GWL, SW I, 99, 22). Par conséquent, seul le Moi divisible est réel. Le Moi absolu ne l'est pas et ne peut l'être, vu qu'il se tient lui-même au-dessus de la réalité qu'il pose en soi. C'est la raison pour laquelle seuls le Moi et le Non-Moi divisibles sont « quelque chose (*etwas*) » (GWL, SW I, 109, 30). Si donc, à proprement parler, le Moi absolu n'est rien, ce n'est pas par défaut d'être, mais par plénitude d'être. Est quelque chose ce qui est opposé à autre chose (ne serait-ce qu'à son prédicat). Or, le Moi absolu, sur le plan de son absoluité, n'est opposé à rien, pas même au Moi divisible. S'il lui était opposé sous ce rapport, il lui faudrait se partager la réalité avec lui, donc devenir réel à son tour, et partant cesser d'être absolu : il n'est donc pas opposé « en soi » au Moi relatif, mais « simplement en tant qu'on se le représente » (GWL, SW I, 110, 30), attendu que nous les distinguons dans la représentation, mais que nous les distinguons précisément parce que le Moi absolu ne peut être représenté que comme ce qui ne peut pas être représenté. Il ne peut recevoir non plus aucun prédicat, étant seulement absolument ce qu'il est.

Voilà donc l'ensemble de la réalité divisée en Moi et Non-Moi à l'intérieur du Moi absolu.

La méthode synthétique et génétique

La méthode suivie par Fichte est calquée sur la démarche naturelle de l'esprit humain. Mieux, elle tend à se confondre, à s'identifier avec celle-ci, moyennant ce qui dans l'esprit offre un point de coïncidence avec lui-même : l'intuition intellectuelle. Tout est fait pour ressaisir, pour rejoindre cette démarche de l'intérieur.

Pourquoi le philosophe doit-il se laisser conduire en sa recherche méthodique par la structure de l'esprit humain ? Avant tout parce que celui-ci est un système, et que si la philosophie peut quant à elle en former un, c'est grâce à son objet, qui est ce système lui-même. L'esprit humain se définit, en effet, comme un ensemble d'actes nécessaires qui s'enchaînent les uns aux autres, lesquels ne sont distingués que pour la réflexion et par le philosophe qui décompose fatalement dans le temps ce qu'il saisit, mais qui en eux-mêmes et réellement, ne forment à la rigueur qu'une seule action indivisible hors du temps par laquelle le Moi se pose comme conscience op-posée au monde. De fait, « d'un seul coup je suis et le monde est pour moi ; mais, dans le système, nous devons considérer comme une série d'actions ce qui à proprement parler est un, car nous ne pouvons les penser que de cette manière parce que nous ne pouvons saisir que des parties » (NM, GA, IV/2, 26, 84). Il s'agit donc pour le philosophe de reparcourir en lui-même cette série d'actes à l'origine fusionnés en un seul et dissimulés à la conscience, et de les amener ainsi successivement sous son regard, dans l'ordre de priorité ontologique qui est le leur, en les recréant ou en les suscitant intérieurement. Ce procédé, qui consiste à retrouver pour la conscience et son contenu réel, le mouvement qui les engendre, autrement dit leur genèse, Fichte l'appelle par conséquent « génétique ». Et si l'on peut appeler *déduire*, non pas seulement l'action logique de tirer un concept ou un jugement d'un autre concept ou d'un autre jugement dans lesquels ils se trouvaient déjà inclus, mais aussi et surtout l'action de faire voir comment un donné en général est engendré dans la conscience, alors la Doctrine de la science devient elle-même « une déduction génétique de ce qui survient dans notre conscience » (BWL, GA, I/2, 32, 23). Mais comment s'effectue cette déduction ? Comment parvient-on à reproduire intérieurement un acte ayant part à l'engendrement d'un donné ?

L'agir du Moi n'est pas un agir en général ou indéterminé, mais un agir déterminé, sans quoi nous ne parviendrions jamais par lui à une expérience déterminée. Cela signifie que chacune des actions du Moi ne peut s'opérer que d'une seule façon, et que cette manière nécessaire de s'accomplir correspond à une loi. Nous devons donc observer, quand nous effectuons une action, non pas que nous sommes contraints de l'effectuer, car rien ne nous pousse à l'effectuer, mais que nous sommes contraints de l'effectuer d'une certaine façon. Il y a ici un mélange de nécessité et de liberté. J'initie librement un acte, mais aussitôt qu'il est initié, il s'accomplit selon une loi qui s'impose à moi. Ainsi, par exemple, nous savons déjà que le concept du moi ne peut être réalisé qu'au moyen d'une activité qui revient en soi et que cette activité déterminée est celle-là même qui caractérise l'activité du Moi comme auto-position : nous expérimentons, quand nous observons intérieurement la façon dont nous procédons, la nécessité de la loi de cet agir. Or, comme absolument tout procède du Moi pour l'idéaliste critique, tout doit s'enchaîner aussi de manière nécessaire à partir de cette action première selon un processus ininterrompu jusqu'à l'expérience. Autrement dit, l'acte absolument initial du Moi ne devrait pas pouvoir se produire sans qu'un autre ne se produise, ni celui-ci ne devrait pouvoir se produire à son tour sans qu'un autre ne se produise, et ainsi de suite, jusqu'à épuisement du processus. Toute la méthode génétique consiste alors ici à se montrer attentif, en se concentrant sur un seul acte à la fois, celui que l'on se propose librement d'effectuer, non pas seulement, comme on vient de dire, à la façon dont, pris isolément, il est forcé d'être accompli, mais encore à l'acte qui le prolonge et qui se profile déjà en lui, pour autant que le premier a besoin, pour se produire lui-même, de se continuer dans le second, et génère ainsi tout seul, en le suscitant, sa propre condition. « Posons, dit Fichte, Moi = A ; aussitôt apparaît dans l'Intuition du Construire de cet A que, à cet A, un B se rattache inséparablement ; dans l'intuition du Construire de ce B que, à ce B, de nouveau se rattache un C, et ainsi de suite, jusqu'à ce que, avec le dernier anneau de A, on soit parvenu à la complète Conscience-de-soi » (SB, SW II, 380, 63). Suivons ainsi la méthode génétique et appliquons-la pour exemple à la construction de A (à l'auto-position du Moi). Il y a une activité qui vise le Moi, c'est celle par laquelle le Moi se pose, mais cette activité même, si l'on y regarde bien, n'est pas possible sans une activité « qui vise le non-moi » (NM, GA, IV/2, 35, 100), et c'est celle par laquelle le Non-Moi est posé. Si en effet je construis en moi l'action par laquelle le Moi revient en soi ou se pose, je m'aperçois que je n'ai l'intuition de cette action que comme celle d'une activité qui *se détermine*. Or, une activité qui se détermine va, pour moi qui l'appréhende, de l'indétermination à la détermination, et est donc nécessairement « intuitionnée comme passage de l'état de repos et d'indéterminité (état cependant déterminable) à l'état de déterminité » (NM, GA IV/2, 40, 106). Cet état de repos ou d'indéterminité de l'activité déterminable est le Non-Moi. Il n'y a donc pas de position du Moi possible sans la position de son contraire : « on ne peut poser l'activité déterminée sans poser également l'activité opposée, de laquelle le déterminé est tiré » (NM, GA IV/2, 34, 100). Ce qui signifie que « de même que le moi doit être posé, on doit poser en même temps le non-moi » (NM, GA IV/2, 34, 100). Ainsi, on voit bien que si tout découle de l'acte de position originaire, tout ce qui suit (façon impropre de parler) de cet acte est généré, appelé par lui comme ce sans quoi lui-même ne pourrait pas avoir lieu, à commencer par l'acte originaire d'opposition. La méthode génétique est ainsi résumée par Fichte, qui insiste sur l'ordre des conditions à ressaisir sous lesquelles se pose l'acte premier, qui ne sont pas les conditions *de* l'acte en lui-même, puisqu'il est en lui-même inconditionné, mais les modalités que sa nature même d'acte premier lui assignent à l'avance et par lesquelles il est donc, en ce sens, – et en ce sens seulement –, conditionné : le *Wissenschaftslehrer* « montrera que ce qui a été posé en premier lieu comme principe et indiqué immédiatement en la conscience n'est pas possible, sans qu'en même temps une autre chose ne se produise, et que cette dernière n'est pas possible, sans qu'en même temps une troisième ne se produise ; et ainsi de suite jusqu'à ce que les conditions du premier terme indiqué soient entièrement épuisées et que celui-ci soit, quant à sa possibilité, totalement intelligible » (EE, SW I, 446, 261).

La mise en œuvre même de la déduction génétique nous aide à voir le second aspect de la méthode : son caractère *synthétique*. Car si la thèse (du Moi) ne va pas sans l'antithèse (du Non-Moi), leur synthèse (engagée pour faire disparaître la contradiction qu'il y a pour le

Moi à se poser et à ne pas le faire), n'est pas achevée par le troisième principe, mais commence au contraire avec lui. Celle-ci renferme encore des propositions contradictoires à synthétiser. Poser une limitation l'un par l'autre du Moi et du Non-Moi relatifs dans le Moi, c'est poser le Moi comme déterminé par le Non-Moi d'une part, et poser le Non-Moi comme déterminé par le Moi d'autre part. Or, dans les deux cas, il y a contradiction. Si le Moi se pose comme déterminé, cela veut dire qu'il se détermine ainsi, et s'il se détermine, il est déterminant. Bref, il est, sous le même rapport où il est déterminé, déterminant, ce qui se contredit. Si maintenant le Moi se pose comme déterminant le Non-Moi, il se pose, en dépit de son caractère actif, comme relatif et limité, « dépendant d'un Non-Moi » (GWL, SW I, 248, 124), c'est-à-dire se pose comme « Moi intellectuel » ou représentant (GWL, SW I, 248, 124), donc comme Moi distinct du Moi absolu. Mais le Moi qui se pose doit, en vertu de l'exigence renfermée par le premier principe, être absolument un et identique. Comme le Moi intellectuel et le Moi absolu « ne sont pas un et identique » (GWL, SW I, 249, 125), il y a contradiction.

On comprend ainsi que la déduction de la conscience de soi, conformément à la marche synthétique de l'esprit humain, consiste en une suite ininterrompue de synthèses dont chacune est relancée par la précédente pour réduire la contradiction qui persiste en elle. Et dans la mesure où synthétiser les opposés ne peut se faire qu'au moyen d'une « raison de relation » (GWL, SW I, 111, 31) qui définit ce en quoi ils sont identiques, comme la divisibilité dans la première synthèse du Moi et du Non-Moi, nous devons « chercher dans les termes opposés liés par la première synthèse de nouveaux termes opposés, composer ceux-ci grâce à une nouvelle raison de relation, contenue dans la première et dérivée de celle-ci, et poursuivre dans cette voie, aussi longtemps que nous le pourrons » (GWL, SW I, 115, 33).

Il suit de la nature particulière de cette méthode que, contrairement à la méthode cartésienne, l'évidence apportée par l'intuition intellectuelle à chaque étape de la déduction, ne suffit pas à fournir la preuve de sa vérité. On ne peut être bien sûr que la déduction a été correctement menée, que lorsque son résultat coïncide effectivement avec le donné qu'il fallait atteindre. La déduction, autrement dit, est achevée, quand elle est revenue à son point de départ. Son procès accomplit une révolution stricte et la démonstration est littéralement circulaire. La conscience de soi, qui est le donné en question auquel aboutit la déduction du philosophe, est en effet pour ce dernier l'expérience même dont il part, c'est-à-dire à partir de laquelle il se détermine à en effectuer la déduction, vu que le procès génétique qu'il amorce librement, est le même que celui qui s'est déjà spontanément accompli chez lui comme chez n'importe qui d'autre, en vertu de la vie propre de l'esprit et de sa réalité auto-active. C'est ce que Fichte signifie en ces termes : « Le Moi qui doit être l'objet de l'examen parviendra, à un moment, au point en lequel se trouve à présent le spectateur ; en ce point tous deux s'unifieront et par cette unification le procès circulaire (*Kreisgang*), proposé comme tâche, sera achevé » (GWL, SW I, 291, 153).

Comprendre ce procédé suppose que l'on soit alors capable de distinguer deux choses : la série du Moi observé d'une part, et la série du Moi observant d'autre part (GWL, SW I, 454, 266). S'il y a deux séries, c'est, on l'aura compris, parce que ce qui est observé, ce qui fait l'objet d'un examen de la part du philosophe, est une réalité qui n'est pas morte, mais vivante, c'est-à-dire agissante. Aussi la difficulté est que les actes du Moi qui observe (les actes du philosophe) ne sont pas les mêmes que ceux du Moi observé, bien que les deux aillent toujours ensemble au cours de l'examen. Il y a un Moi spectateur-expérimentateur et un Moi acteur-expérimenté. Le premier ne saurait interférer avec les opérations du second, à moins de détruire ou d'empêcher ce qui doit être construit, car le premier Moi doit laisser le procès de la construction libre de s'accomplir par lui-même et de s'auto-effectuer, ou, ce qui revient au même, doit laisser au second Moi le soin de l'effectuer par lui-même. En un mot, la relation est telle entre les deux Moi, que le premier doit s'abandonner au second, laisser faire ce dernier étant la seule condition pour pouvoir le contempler. Pourtant, les deux Moi sont le même! Pourquoi les distinguer de la sorte, s'ils sont identiques? Le philosophe ne peut à l'évidence rien expérimenter que sur son propre Moi, n'ayant pas d'accès direct et intérieur à un autre Moi que le sien. Que sont donc ces deux Moi, sinon deux usages, deux rôles différents qui reviennent à un seul et même Moi? Par le premier Moi est désigné l'usage qu'il fait de sa propre liberté, à savoir la sphère de son agir contingent. Comme tel, il se rattache à l'ensemble des décisions prises par le philosophe, comme celle de fonder la doctrine de la science et de remonter à un premier principe duquel pourra se déduire l'expérience en totalité. Par le second Moi est désigné, non plus l'emploi par le Moi *de* sa liberté, mais l'emploi qui est fait du Moi lui-même *par* liberté, c'est-à-dire la façon dont la liberté (du philosophe) le convoque pour mettre au jour les lois dont elle-même est tributaire pour se poser, qui sont les lois de l'agir intellectuel en général. Comme la liberté n'a pas le pouvoir d'agir sur les lois du Moi, mais seulement de le faire agir selon ses lois, ce sont ces lois elles-mêmes qui guident le philosophe dans sa reconstitution du déploiement de la nécessité interne de l'esprit jusqu'à la position de la conscience de soi réelle et du monde. Fichte peut dès lors affirmer que dans cette production-reproduction de la conscience, le philosophe « la regarde se produire elle-même sous ses yeux. Au cas où la Conscience serait soumise à des lois, nul doute qu'elle se règle sur elles au cours de cette auto-production. Ainsi, en observant sa propre conscience, le philosophe découvrira les lois qui la régissent » (SB, SW II, 48).

Il est remarquable que le statut du résultat obtenu au terme de la déduction est paradoxal. Puisqu'il ne s'agit que d'une reconstitution, il ne peut s'agir que d'une « image de la conscience réelle » (SB, SW II, 361, 48), et non de cette conscience réelle elle-même ; mais comme cette image construite est le résultat d'une auto-construction, c'est une « Image qui se produit elle-même » (SB, SW II, 361, 48). Sans doute, en effet, chaque acte effectué dans la déduction est aussi réel et vrai que celui qui a eu lieu dans l'auto-constitution primordiale de la conscience, mais s'il n'engendre pourtant qu'une image, c'est parce qu'il n'est cependant pas, contrairement au procès original, entièrement autonome, puisqu'il lui faut, pour être amorcé, l'impulsion de la liberté (SB, SW II, 381, 66).

A priori *et* a posteriori

Les deux distinctions fichtéennes, la première entre la série des actes du Moi qui observe et celle des actes du Moi observé, la seconde entre la déduction du réel et le réel lui-même, en appelle inséparablement une troisième, entre l'*a priori* et l'*a posteriori*. Elle parachève la compréhension de la Doctrine de la science tout entière comme déduction (« elle commence où commence la déduction, et où celle-ci s'achève, elle est elle-même achevée » (SB, SW II, 354, 43), et demande à être située par rapport à la même distinction kantienne.

Pour Fichte, contrairement à Kant, il n'y a pas de différence réelle entre l'*a priori* et l'*a posteriori*. Ils définissent la même chose, en tant qu'elle est prise sous deux points de vue différents. Est *a posteriori* d'abord ce qui est connu par expérience et fait l'objet d'une *perception*. Aussi la conscience réelle contient-elle une perception du Moi et de ses états. Mais comme on sait en même temps que cette conscience est ce que vise comme résultat la déduction, et que celle-ci procède *a priori*, c'est-à-dire sans consulter l'expérience, puisque ce n'est que si l'expérience est retrouvée par la déduction seulement que celle-ci est vraie, il s'ensuit que le résultat, quand il n'est pas perçu mais déduit, est a priori. La même chose est donc *a priori* ou *a posteriori*, selon qu'on se la donne par expérience ou par voie de déduction et de démonstration. L'image du réel est par conséquent *a priori*; le réel lui-même est *a posteriori*.

Fichte a multiplié les exemples pour faire entendre sa distinction. Soit celui de l'horloge ou de la montre dans le *Rapport clair comme le jour*. Sans doute, la machine est inerte et l'esprit est vivant, et il n'y a pas dans l'esprit des parties ou des pièces mais des actes. Il n'en reste pas moins que les pièces de la machine sont entre elles et par rapport au tout comme les actes de l'esprit sont les uns par rapport aux autres et par rapport au tout, c'est-à-dire à l'ensemble du système de la conscience ou de ses « déterminations » (SB, SW II, 379, 62) : ils sont en réciprocité. Rien n'est que par la totalité même à laquelle il se rattache, rien ne se produit isolément, pas plus un mouvement pour la machine qu'une opération pour l'esprit, et tout ce qui se fait chez l'un ou chez l'autre ne s'explique et n'a de sens que par rapport à ce pour quoi il se fait : sa fonction pour la machine, sa position *comme tel* pour le Moi. Dès lors, pour qui percevrait une pièce de la machine et connaîtrait tout à la fois sa finalité et les lois de la mécanique, il pourrait s'il est habile, sans s'aider de la perception des autres pièces, déduire ces dernières ainsi la machine elle-même, c'est-à-dire les retrouver, ou, mieux, les reproduire *a priori*. Si cette machine est une montre, il y aura ainsi la montre réelle et la montre *a priori*, qui en un sens sont la même, puisque, sinon, ce ne serait pas cette montre mais un autre objet qui serait déduit, et en un autre sens ne sont pas la même, puisque seule l'une des deux peut être glissée dans la poche et indiquer l'heure (SB, SW II, 351, 41). La comparaison entre la montre et la conscience permet ainsi de montrer que le sens véritable de l'*a priori* et de l'*a posteriori* s'applique indifféremment à tout ce qui peut être déduit, qu'il s'agisse du système de l'expérience, d'un nombre, de la composition chimique d'une substance ou d'une horloge : « Ainsi la [Doctrine] de la science déduit, *a priori*, c'est-à-dire sans recourir à la perception, ce qui, selon elle, doit précisément être atteint *a posteriori* par la perception. Les expressions *a priori, a posteriori* ne désignent donc pas ici des objets différents, mais seulement deux façons de considérer un même objet à peu près comme la même montre est objet *a priori* quand on la déduit, *a posteriori* quand on la perçoit » (SB, SW II, 355, 44).

Cette conception, qui se prétend fidèle à l'esprit du criticisme, s'écarte au moins de la lettre de la terminologie kantienne. Il est remarquable que la raison de cet écart est profonde. Le kantisme dont Fichte se réclame est un kantisme aménagé si l'on peut dire, car il est, notamment, débarrassé de la chose en soi. Cette expurgation est d'ailleurs explicitement formulée par Fichte : « Qu'il y ait des réalités extérieures à la conscience ou qu'il n'y ait que des déterminations conscientielles, c'est ce qui, nous le verrons plus loin, n'importe pas à la science ; elle s'accommoderait également de l'une et de l'autre thèse ; mais nous verrons aussi qu'en fait d'après elle (et nous dirons pourquoi) il n'y a que des déterminations de conscience » (SB, SW II, 355, 43). Or, s'il y a une différence essentielle pour Kant entre *a priori* et *a posteriori*, c'est bien pour partie à cause de la chose en soi, dont l'existence reste indispensable, comme source d'affection extérieure à l'être connaissant, pour expliquer la matière de nos représentations, à moins de supposer que celle-ci provient directement de notre esprit, ce que Kant justement n'admet pas. La connaissance se scinde à partir de là en deux espèces, selon qu'elle a sa source uniquement dans le sujet connaissant, ou dans ce qui l'affecte de l'extérieur. La première est logiquement antérieure à l'expérience et forme une connaissance pure *a priori*, rigoureusement nécessaire et universellement valable. La seconde est exclusivement issue de l'expérience et forme une connaissance simplement empirique ou *a posteriori*, privée de nécessité et d'universalité. Cette contingence de la matière de nos représentations est ce qui la rend proprement *indéductible*. Cela ne s'accorde pas avec les principes de l'entreprise fichtéenne qui consiste à inclure dans la déduction, puisque l'esprit est reconnu comme seul producteur de ce qui survient en lui en vertu de sa légalité, une partie de la matière de l'expérience. – Une partie, disons-nous, et non pas la totalité, vu que seule une partie de l'expérience est nécessaire ou accompagnée du sentiment de nécessité. L'autre partie contingente de l'expérience renvoie uniquement à l'exercice de notre libre-arbitre, comme au pouvoir de se représenter ce que l'on veut par l'imagination, sans avoir à invoquer l'affection de nos sens par une réalité extérieure.

En résumé, la distinction entre l'*a priori* et l'*a posteriori* est chez Fichte ce qu'elle est chez Kant une fois la chose en soi ôtée du kantisme.

L'effort et la loi morale

La théorie de l'effort s'enracine chez Fichte dans la distinction essentielle qu'il établit entre le point de départ de la Doctrine de la science et son point d'arrivée : notre Moi fini se situe entre les deux, l'un qu'il porte en lui et l'autre vers lequel il tend, et c'est comme effort indéfiniment renouvelé qu'il y tend. C'est donc cette distinction qu'il faut commencer par comprendre.

Le Moi pur n'existe pas tout seul – en tout cas pas le Moi pur que nous pouvons extraire de la conscience par abstraction et réflexion, à savoir le Moi pur en tant qu'il est pur de toute empiricité, qui n'est donc pas la personne, mais qui n'est pas non plus sans lien avec l'empiricité et la personne, au moins parce qu'il s'y rapporte comme à ce qu'il conditionne. Il n'est pas la conscience humaine mais ce qui la fonde, et en même temps il n'est pas retiré de la conscience humaine qu'il fonde ; ce pourquoi seule une conscience humaine peut en prendre conscience en le ressaisissant au moyen de l'intuition intellectuelle. – Tout seul, dégagé de tout rapport à l'expérience, il n'est plus seulement le Moi absolu *en nous*, mais il *est* l'Absolu lui-même comme absolu de tout rapport. Il n'est illusoire et faux, que si l'on prétend, comme dans le système de Spinoza, que sous cette forme, il annule et remplace la précédente ; les deux formes au contraire coexistent et l'une ne saurait être sans l'autre. En tant qu'absolu de tout rapport, donc, le Moi absolu n'est pas, pour employer désormais ce terme, l'égoïté que je trouve en moi-même distincte de mon individualité et comme « spiritualité en général », mais l'Égoïté égale à l'Absolu comme tel, soit encore la Raison infinie ou Dieu. L'existence de ces deux acceptions de l'égoïté (ou du Moi absolu) se vérifie en ceci, que l'intuition intellectuelle qui définit en général l'égoïté comme telle, est *elle-même* définie comme « la forme de l'Égoïté ». Par la « forme de l'Égoïté », il faut alors nécessairement comprendre : la forme de l'Égoïté égale à l'Absolu, c'est-à-dire la Forme de l'Absolu : « Seule la forme de l'égoïté (*Ichheit*) est comprise dans le Moi comme intuition intellectuelle, c'est-à-dire l'acte se réfléchissant en lui-même » (GWL, SW I, 515, 340). C'est la même idée qui se retrouve formulée en 1801 quand Fichte veut prévenir toute confusion entre l'Absolu et le Savoir absolu, et qu'il définit ce dernier comme simple « Forme », c'est-à-dire comme forme de l'Absolu (WL 1801, 12, 41). Car, qu'est-ce que le savoir absolu, sinon l'intuition intellectuelle, le Moi pur en nous, engagé dans notre conscience et distinct de l'Absolu ? « L'intuition est elle-même savoir absolu » (WL 1801, SW II, 9, 37). D'autant que l'intuition intellectuelle et le savoir absolu sont identiquement définis comme le point de départ de la Doctrine de la science : la *Seconde introduction* parle de « l'intuition intellectuelle, dont part la Doctrine de la science » (ZE, SW I, 515, 310), et la WL 1801 déclare au § 5 que « la Doctrine de la science ne peut donc partir de l'Absolu, mais du Savoir absolu » (WL 1801, SW II, 12, 41). Or, si le Moi comme forme de l'Absolu est le point de départ de la DS, c'est bien justement parce qu'il lui manque, en tant que simple forme, « la matérialité achevée de l'égoïté » (ZE, SW I, 516, 310). Dit autrement : la matérialité achevée de l'égoïté est ce qui manque au Moi comme Forme (comme au Moi empirique d'ailleurs) pour être l'Absolu. Mais elle est vouée à lui manquer toujours, car si elle définit la réalisation complète de la raison dans le monde et la soumission totale de celui-ci à celle-là, elle représente une tâche infinie, une Idée. C'est pourquoi il y a deux Moi dans la Doctrine de la science à ne surtout pas confondre : « Je dois encore traiter d'une singulière confusion. Il s'agit de la confusion du Moi, comme intuition intellectuelle, dont part la *WL*, et du Moi comme Idée avec lequel elle s'achève » (ZE, SW I, 515, 310).

De là découlent l'effort, l'agir moral, le Moi pratique. Car le Moi comme Idée, c'est l'Absolu comme horizon. Si nous y parvenions, nous serions Dieu : « cette fin dernière est totalement inaccessible et doit rester éternellement inaccessible, si l'homme ne doit pas cesser d'être un homme et devenir Dieu » (BG, SW VI, 299-300, 42). Ainsi nous devons le devenir, sans le pouvoir : ce qui donne un rapprochement infini, ou un effort sans fin. Si c'est pour nous un *devoir* de s'en approcher, c'est parce que nous sommes *tenus* par la loi de notre « essence », qui s'exprime en nous comme un impératif inconditionnel, partant comme une loi morale, de satisfaire à l'exigence d'unité absolue du Moi, et de faire cesser en conséquence toute contradiction à l'intérieur du Moi qui se pose. L'exigence morale de cet effort est d'autant plus manifeste que cette contradiction a nécessairement lieu chez l'être raisonnable, tant qu'il reste un être fini. Car il est un mélange de raison et de sensibilité, soit un mélange d'activité et de passivité qui montre la limitation de la raison en lui, ou, ce qui revient au même, qu'il est raisonnable sans être *la* Raison, ou encore, qu'il *a* la raison sans l'*être*, et qu'il ne possède donc pas la raison tout entière, mais seulement sa forme ou Moi pur. La contradiction qui éclate chez l'être raisonnable fini et qu'il *faut* dès lors *impérativement* dénouer, est donc entre le Moi pur qu'il abrite et son Moi empirique.

Le Moi pur est absolument un, même s'il n'est pas, en tant que forme, la plus haute unité, tandis que le Moi empirique est absolument divers, sa diversité lui venant de sa détermination par le Non-Moi qui l'affecte, ou du moins, le Moi ne pouvant s'expliquer à lui-même sa diversité empirique que de cette façon. L'unique voie pour surmonter la contradiction est de déterminer le Non-Moi sans cesse davantage pour réduire chaque fois un peu plus la part de passivité du Moi. S'il pouvait aboutir, cet effort conduirait effectivement à la disparition complète de l'individualité du Moi, qui parviendrait alors à un accord total avec lui-même. L'homme se voit donc signifier sa destination par cet accord : « la destination dernière de tous les êtres raisonnables et finis est donc l'unité absolue, l'identité continuelle, l'accord total avec soi-même » (BG, SW VI, 296-7, 39). Elle nous est assignée certes comme un devoir – nous *devons* l'atteindre par l'effort –, mais elle n'est pas synonyme du devoir ou de la loi morale. L'exigence formulée par la loi morale n'est qu'une partie du but contenu dans notre destination, comme la bonne volonté n'est qu'une partie du souverain bien, qui comprend aussi le bonheur auquel donne droit la moralité elle-même. C'est dire qu'il y a identité pour Fichte entre notre destination, notre perfection et le souverain bien. La loi morale ne vise qu'à obtenir un accord ou une absence de contradiction de la volonté avec elle-même, alors que notre destination, plus vaste et englobante, vise en plus l'harmonie de tout le reste de notre être et des forces qu'il contient. Tout ce qui ne serait pas conforme en nous à la forme de l'identité absolue du Moi pur y mettrait ou y ferait subsister de la contradiction.

La loi morale, si elle ne définit pas à elle toute seule l'accord parfait de l'être raisonnable avec lui-même, définit néanmoins la première condition à remplir pour y parvenir, la seconde étant, comme on va le voir, l'usage ou la culture. La loi morale donne la forme de la volonté à avoir et la direction de l'effort à mener ; l'usage ou la culture fournissent à l'effort l'aide et l'efficacité matérielles dont il a besoin pour s'accomplir.

Pour ce qui est de la loi morale en elle-même, elle formule que l'être que nous avons à devenir est nous-mêmes, que le principe actif de notre être est le Moi pur et qu'il n'est qu'activité. S'il est la pure forme de l'identité ou de l'absolue non-contradiction, c'est d'abord parce qu'il n'obéit qu'à lui-même : étant son propre principe, il n'est déterminable que par lui-même, et il ne peut pas, de ce fait, porter en lui-même des déterminations contradictoires. Celui qui le peut, c'est le Moi empirique, parce qu'il est déterminable aussi bien par la forme du Moi pur que par le monde extérieur. Si le Moi empirique est déterminé par la forme du Moi pur, cela signifie que l'homme a décidé de se déterminer purement par soi, conformément à son essence auto-active et qu'il se rend ainsi semblable à ce qu'il est. Si le Moi empirique au contraire est déterminé par le monde extérieur, cela signifie que l'homme s'échappe à lui-même et répond d'abord, en s'oubliant, à ce qui sollicite son désir, et qu'il se rend ainsi, par sa passivité, dissemblable à ce qu'il est. La contradiction se porte alors aussitôt au cœur du Moi, puisqu'il se fait autre que ce qu'il est et va à l'encontre de lui-même. « Chaque fois qu'il se contredit, précise ainsi Fichte, c'est un signe certain qu'il n'est pas déterminé d'après la forme du Moi pur, par soi-même, mais par des choses extérieures. Et il ne doit pas être ainsi ; car l'homme est sa propre fin ; il doit se déterminer soi-même, et ne jamais se laisser déterminer par quelque chose d'étranger » (BG, SW VI, 296-7, 39). Vouloir en se voulant principe et fin de sa volonté est la manière de vouloir qui n'entre pas en contradiction avec elle-même. Comme elle ne se contredit pas, elle ne s'annule pas non plus et peut ainsi durer éternellement : « Toute destination qui peut être pensée comme ayant une durée éternelle est conforme à la pure forme du Moi » (BG, SW VI, 296-7, 39). D'où l'énoncé véritable de la loi morale : « j'exprimerais le principe fondamental de la Doctrine Éthique dans la formule suivante : Agis de telle façon que tu puisses penser la maxime de ta volonté comme loi éternelle pour toi » (BG, SW VI, 296-7, 39).

Mais la rectitude de la volonté ne suffit pas à progresser vers le but ultime et à se perfectionner. L'effort qu'elle dirige achopperait sur les obstacles qu'il rencontre s'il n'était en outre conduit avec *habileté*. Cette habileté ne peut être acquise que par la connaissance technico-pratique de la nature de l'obstacle à tourner. Ainsi, on ne peut lutter contre les penchants et les passions qui se sont levés en nous en l'absence de la vigilance de la raison (BG, SW VI, 297-8, 40) sans que, par un exercice continuellement répété, l'effort pour les discipliner ne se mue peu à peu en une tendance opposée venant contrer leur élan. De la même façon, les objets matériels et la nature en dehors de nous doivent être disciplinés, afin que le Moi puisse étendre sa forme sur eux en les annexant à ses concepts de fin, et continue de rester un avec lui-même en ramenant ainsi à une unité voulue la diversité des représentations venues du dehors. Mais cela non plus n'est pas réalisable sans un ensemble de techniques et de savoir-faire servant de point de levier à notre effort. Dans la première conférence sur *La Destination du savant*, Fichte réserve le nom de *culture* au pouvoir que l'on a sur soi-même et sur le monde à la faveur de cette habileté : « L'acquisition de cette habileté, qui vise d'une part à extirper et supprimer nos propres inclinations fautives installées avant l'éveil de la raison et de la conscience de notre activité indépendante ; d'autre part à modifier les objets en dehors de nous et à les changer selon nos concepts, l'acquisition de cette habileté, dis-je, s'appelle *culture* » (BG, SW VI, 298-9, 41). Elle est tout à la fois un moyen et une fin. – Un moyen, car elle nous rapproche de notre destination ; une fin, parce qu'elle est susceptible de degrés et qu'il y a toujours un degré supérieur de culture à atteindre.

Dès lors est entièrement déduit comme souverain Bien, tel que l'envisage Kant, le Moi avec lequel s'achève la *WL*, à partir du Moi dont elle part. Car les deux composantes kantiennes du souverain bien se ramènent aux deux dimensions de l'accord total de l'homme avec lui-même, qui répondent elles-mêmes à la double façon de penser l'homme : comme être raisonnable d'une part, et comme être sensible d'autre part. Fichte le confirme ainsi : même si pris en lui-même le souverain Bien ne comporte pas de parties ou de composantes, « en relation à un être raisonnable qui est dépendant des objets en dehors de soi, il peut être considéré comme double : – en tant qu'accord de la volonté avec l'idée d'une volonté valant éternellement, ou valeur morale (*sittliche Güte*) – et en tant qu'accord des objets en dehors de nous avec notre volonté (avec notre volonté raisonnable, s'entend), ou bonheur (*Glückseligkeit*) » (BG, SW VI, 299-300, 42).

On n'a cependant pas fini d'expliquer l'effort en mettant en évidence son sens moral et en éclairant le but vers quoi il tend. La théorie de l'effort mobilise une autre notion, centrale dans la première *WL* : celle de « choc » (*Anstoß*). Il n'y a certes un effort du Moi que *parce qu'*il est limité et *pour* effacer sa limitation, c'est-à-dire pour recouvrer la pure forme de son essence. Mais le philosophe doit justement chercher à expliquer, premièrement, d'où vient sa limitation, et deuxièmement, la façon dont le Moi lui-même se rend compte à soi-même de sa limitation. Car il se pourrait bien que l'explication du philosophe et l'explication du Moi commun ne soient pas identiques. – En fait, il est même nécessaire qu'elles ne le soient pas. Le Moi commun explique sa limitation par un choc survenu de l'extérieur qui ferait perdre au Moi son illimitation première : « le Moi pose, d'après les lois énoncées précédemment, un Non-Moi par son activité idéale comme fondement de l'explication de sa propre limitation » (GWL, SW I, 282, 147). C'est-à-dire « un choc s'effectue sur l'activité du Moi allant à l'infini » (GWL, SW I, 227, 108) et la repousse en elle-même, provoquant ainsi une réflexion qui n'a plus rien à voir avec le retour en soi de l'intuition intellectuelle, mais qui se confond avec l'activité théorique de la représentation, par laquelle et dans laquelle le Moi comme sujet se met à distance de lui-même et du monde comme objets. – Quant à lui cependant, le philosophe doit seulement comprendre et restituer la genèse du point de vue du Moi commun, sans pouvoir y souscrire, car un tel choc venu de l'extérieur supposerait la chose en soi qui est contraire au point de vue de l'idéalisme transcendantal. Une note importante de la *Seconde introduction* insiste sur la différence entre ces deux points de vue : « Le philosophe dit seulement en son nom : Tout ce qui est par le Moi est pour le Moi. Mais le Moi lui-même dit en sa philosophie : S'il est vrai que je suis et que je vis, il est vrai qu'il existe quelque chose en dehors de moi qui n'existe pas par moi. Le philosophe en partant des principes de sa philosophie explique comment le Moi peut parvenir à une telle affirmation » (ZE, SW I, 455, 266). En d'autres termes, le réalisme du Moi s'oppose à l'idéalisme du philosophe comme le point de vue « de la vie » s'oppose au point de vue « purement spéculatif », mais la supériorité du second sur le premier est qu'il parvient à l'expliquer génétiquement et donc à montrer que le réalisme est une nécessité, non pas en soi, mais pour le Moi. Ou, pour s'exprimer avec plus d'exactitude, ce qui est nécessaire n'est pas le point de vue réaliste du Moi en lui-même, mais *l'existence* de son point de vue, car chacun le porte en lui nécessairement, puisqu'il est un Moi, mais le porte aussi comme à dépasser, non moins nécessairement, par la spéculation.

La théorie du choc ne s'énonce donc pas unilatéralement mais doit être comprise à partir du point de vue où elle s'énonce. Le philosophe idéaliste critique ne niera pas le choc, ni pour le Moi, ni en soi, mais l'interprétera, non comme une relation avec un être matériel subsistant par lui-même hors du Moi, mais comme une relation réciproque du Moi avec lui-même.

La religion

La religion, bien avant de relever d'un culte ou d'un ensemble de pratiques rituelles, constitue un point de vue sur le monde rassemblé dans un certain nombre de croyances fondamentales qui touchent à son principe et à sa fin, et, à travers eux, portent sur le divin en général. La tâche de la philosophie, par rapport à la religion, n'est pas d'en démontrer le contenu et d'apporter la preuve de son objet ou de ses affirmations, mais de les déduire à partir de ses principes, exactement comme le philosophe ne se charge pas de prouver la vérité du contenu de l'expérience, mais le déduit. Pas plus que la philosophie n'a pour Fichte à fonder la certitude que l'homme du sens commun trouve dans ses sens et son expérience, mais à l'expliquer, elle n'a à fonder la certitude des croyances religieuses qu'il porte déjà en lui naturellement, mais à l'expliquer. Bref, comme l'expérience sensible, la croyance religieuse est un fait : la philosophie ne peut ni le créer ni l'abolir, mais en donner la genèse. « Le philosophe est là uniquement pour déduire ces faits de la démarche de l'esprit qui caractérise nécessairement tout être intelligent. Par conséquent notre raisonnement doit être compris comme un essai non de "convertir" l'incrédule, mais bien plutôt de déduire la conviction du croyant » (UG, SW V, 178, 200). Pour autant, il ne faudrait pas croire que la philosophie – le savoir philosophique – reste extérieure, en la déduisant, à la conscience religieuse. Car le savoir philosophique, qui découvre à la conscience son essence, montre que la conscience est justement, dans son essence, religieuse, et par la compréhension, qu'il pousse aussi loin que peut l'être en ce domaine la compréhension humaine, du lien qui unit Dieu et la conscience, achève de l'établir dans cette union. La conscience ou le savoir philosophique ne fait ainsi que mener la conscience religieuse à son accomplissement.

Cette proximité, voire dans certaines limites cette identité de la certitude religieuse et de la certitude philo-sophique, tient d'abord à la nature du savoir philosophique. Comme la certitude religieuse, il s'enracine dans la « Croyance » et non dans le « Savoir » (BM), c'est-à-dire il ne devient proprement philosophique qu'à partir du moment où il se fait disqualification du Savoir dans sa prétention à valoir comme source première de certitude, – du Savoir démonstratif et discursif, s'entend. Car la certitude inébranlable du point de départ de la WL est une intuition qui ne se laisse ni prouver ni démontrer, ce qui la classe, aussi paradoxal que cela puisse paraître, dans la croyance. D'autant que toute preuve, sous peine de régression à l'infini, repose sur un principe improuvable. Or, c'est précisément du fondement de la Croyance, donc de cette intuition absolument première de soi par soi, que Kant a pressenti partout sans la reconnaître nulle part, que naissent les postulats de la raison pure pratique qui fournissent son contenu immédiat à la certitude religieuse : la liberté, Dieu comme ordre moral du monde, l'immortalité de l'âme. L'intuition de sa propre force auto-active s'explicite en effet pour le Moi comme saisie de la loi morale, de la dimension éthique de la conscience, et sa dimension éthique même se révèle immédiatement solidaire d'un ordre divin du monde ou de la présence d'une Providence. Cet ordre est génétique pour le philosophe qui déduit, mais non pas successif, car l'agir de la volonté, la loi morale et la conviction religieuse apparaissent d'un seul coup à la conscience.

Les moments de la déduction sont les suivants. La volonté s'apparaissant à elle-même comme un pur pouvoir d'agir par soi élevé au-dessus des lois du monde sensible, vouloir l'indépendance de la volonté à l'égard des penchants sensibles, c'est-à-dire vouloir l'autonomie de la volonté, est une loi pour la volonté même, par où se révèle notre « disposition morale » (UG, SW V, 182, 203). La loi morale, qui fait de la liberté un but inconditionnel pour la liberté même, m'oblige ainsi à croire en la liberté à laquelle elle s'adresse. Vouloir en douter serait comme vouloir se nier soi-même, car elle est inséparablement donnée avec moi. Aussi est-elle le point d'ancrage le plus solide de nos certitudes : « Le fait que je doive et ce que je dois, voilà qui est tout à fait premier, ce qui est le plus immédiat. Ceci ne demande aucune autre explication, aucune justification, aucune autorisation ; c'est connu de soi et vrai par soi ; cela n'est fondé et déterminé par aucune vérité ; au contraire toute autre vérité sera bien plutôt déterminée par rapport à celle-ci » (UG, SW V, 183, 203).

Cela signifie que le devoir et notre disposition morale, en tant qu'ils font l'objet d'une certitude inconditionnée, ont directement le pouvoir d'appeler la croyance en ce qui les rend eux-mêmes possibles. Or, ce qui les rend possibles, c'est une divine providence. Car si les conséquences de notre bonne volonté et de nos bonnes actions n'étaient pas promises à se réaliser dans un monde futur supraterrestre où elles verront leur fruit, le devoir et notre disposition morale seraient complètement vains et le monde roulerait sur un hasard et une absurdité désespérants. Sans un plan rationnel divin pour assurer la production effective de ces conséquences, le monde sensible qui fait la plupart du temps obstacle à la réalisation des intentions droites engloutirait la moralité dans son cours parmi ce qui est périssable. « Ainsi ce divin prend vie et réalité pour nous, chacun de nos actes est accompli en présupposant le divin et toutes les conséquences de nos actes ne sont conservées qu'en lui » (UG, SW, V, 185, 205). J'apprends ainsi que je suis situé entre deux mondes, dont le statut respectif et le rapport que la providence divine a fixé entre eux me sont connus par le devoir. Même si le monde sensible n'est rien en soi hors de moi et que ses lois ne sont que le reflet des lois de l'esprit qui le produit, il n'est pas un pur néant, car, en tant que je suis un être fini, il m'est assigné par le devoir comme sphère de mes actions, et, quoi qu'il puisse être en lui-même, il ne m'est pas permis de m'y soustraire en y refusant d'agir. Mais je ne laisse pas en même temps d'être certain que ma destination va au-delà du monde terrestre, parce que ses lois, telles qu'elles nous apparaissent, se résument à l'enchaînement nécessaire des causes et des effets, et ne laissent aucune place à la liberté ; si bien que s'il n'y avait rien, aucun monde spirituel éternel au-delà de ce monde temporel et de cette apparence sensible, la liberté de la volonté, qui répond à d'autres lois que celles du mécanisme, serait condamnée à rester inutile et sans effet. Or, c'est ce que le devoir ne nous permet pas de penser, dans la mesure où il nous impose de croire à la possibilité d'accomplir la fin qu'il commande d'atteindre.

À partir du moment où ma volonté conforme à la loi est assurée qu'elle aura des conséquences dans le monde spirituel, mais sait qu'elle n'a pas elle-même le pouvoir de les faire advenir, puisqu'elle n'en prévoit ni la forme ni le contenu exacts, je déduis que ma volonté « est immanquablement et immédiatement perçue par une autre volonté qui lui est apparentée, qui est elle-même acte et l'unique principe de vie du monde spirituel », et que c'est « *en elle* et seulement *par elle* qu'elle a sa première conséquence sur le reste du monde spirituel » (BM, SW II, 298, 206).

Cette volonté, qui est infinie ou est Dieu même, ne doit pas seulement être admise pour penser que la bonne volonté fera toujours triompher le Bien, mais aussi pour penser comment les hommes peuvent communiquer entre eux quand la vraie philosophie enseigne que la chose en soi n'existe pas et « qu'il faut abandonner l'idée d'un monde sensible autonome par lequel ils s'influenceraient réciproquement » (BM, SW II, 300, 209). Comme en effet chacun n'accède au monde sensible en général et à autrui en particulier que par l'entremise de ses représentations sensibles, sans qu'elles soient causées par une influence du dehors, il est premièrement nécessaire que ce soit la volonté infinie qui les cause en nous, et, deuxièmement, qu'elle accorde les représentations de chacun de nous entre elles pour nous faire vivre dans un monde commun.

« C'est seulement dans nos esprits que la volonté crée un monde », et « cet accord de nous tous sur le monde sensible qui, comme sphère de notre devoir, doit être placé au fondement et est, pour ainsi dire, préalablement donné, cet accord qui, tout bien considéré, est tout aussi inconcevable que notre accord sur les produits de notre liberté mutuelle, cet accord est le résultat de la volonté Une, éternelle et infinie » (BM, SW II, 302, 211). Bien qu'il faille incontestablement introduire ici le concept de « prédétermination », comme le fait en toutes lettres le § 18 du *Système de l'éthique* de 1798, nous ne sommes pas pour autant, loin s'en faut, dans le système de l'harmonie préétablie de Leibniz, car Fichte pense la liberté autrement que Leibniz. Pour ce dernier, la notion de chaque substance individuelle « enferme une fois pour toutes tout ce qui luy peut jamais arriver » (*Discours de métaphysique*, § 13), et la liberté humaine n'est préservée, c'est-à-dire n'est rendue pensable dans ces conditions qu'au moyen de la « distinction entre ce qui est certain, et ce qui est nécessaire » (*ibid.*, § 13). Le contraire de ce qui est certain, même s'il ne peut avoir lieu, n'a cependant rien d'impossible en soi, dans la mesure où il n'implique pas contradiction : « rien est nécessaire dont l'opposé est possible » (*ibid.*, § 13); tandis que le contraire de ce qui est nécessaire en soi est absolument impossible, puisqu'il implique contradiction. Les futures actions libres des hommes relèvent ainsi de ce qui est certain, c'est-à-dire de ce qui, bien qu'ayant des « preuves *a priori* de [sa] vérité » (*ibid.*, § 13), ne se rattache pas absolument à la catégorie de nécessité, ou, pour le dire encore autrement, de ce qui n'est pas nécessaire absolument mais nécessaire seulement « *ex hypothesi* » (*ibid.*, § 13), c'est-à-dire de ce qui se fonde non purement et simplement sur l'entendement de Dieu, comme les vérités éternelles nécessaires (par exemple les vérités mathématiques), mais sur « ses décrets libres » (*ibid.*, § 13). – Pour Fichte, pareille liberté n'est pas la liberté, comme le Dieu qui la fonderait ne serait pas tout à fait Dieu. La vraie liberté de l'individu consiste en son autodétermination. Or, celle-ci n'est pas compatible avec l'idée d'une essence individuelle déterminant tout ce qu'il sera jamais. Dieu ne peut assigner à l'individu son personnage, car il faut que ce soit l'individu lui-même qui le fasse pour mériter ou démériter devant Lui. Il est aussi nécessaire que les événements de sa vie soient prédestinés, qu'il est nécessaire que les choix qu'il fera en réponse à ces événements ne le soient pas : ainsi la liberté n'est pas supprimée par la prédestination, « pourvu que ne soit pas déterminée la manière dont je réagis » (SS, SW IV, 226, 216) aux événements prédestinés eux-mêmes. Cela toutefois est moins la solution que le problème à résoudre. Car un événement prédestiné dont je fais l'expérience peut correspondre à une action libre exercée sur moi par autrui, comme une action libre exercée par moi sur autrui est cause d'un événement qui sera pour lui prédestiné. Il faut donc bien que mes actions libres comme celles d'autrui soient prédestinées. Comment peuvent-elles être libres si elles sont prédestinées ? « Voici comment se présente la situation : on ne peut pas supprimer la *prédétermination* sans rendre inexplicable l'action réciproque des êtres raisonnables [...] ; cependant, on ne peut pas davantage supprimer la liberté, car les êtres raisonnables eux-mêmes cesseraient d'exister » (SS, SW IV, 227, 217).

La solution de Fichte est élégante. Ce qui est prédéterminé n'est pas l'ordre temporel, mais seulement l'ordre éternel ou *a priori* des événements. Dans l'ordre éternel, ils sont des « possibles » et sont reliés entre eux selon la loi de cet ordre. Les êtres raisonnables ont la liberté de choisir entre ces possibles ou « actions prédestinées » (SS, SW IV, 227, 217), si bien qu'il est déterminé à l'avance, non pas que je choisisse ceci plutôt que cela, mais que *si* je choisis ceci plutôt que cela, c'est telle suite d'événements qui s'ensuivra plutôt que telle autre, laquelle me conduira pareillement à faire un nouveau choix non déterminé à l'avance, et ainsi de suite, indéfiniment. Peu importe, donc, *qui* fera tel ou tel choix, *qui* accomplira telle ou telle action libre, puisque ce n'est jamais fixé par avance ; ce qui l'est, c'est la configuration des possibles ordonnée à tel choix ou à telle action libre. « J'ai agi jusqu'ici de telle ou telle façon. […] À partir de cet instant, s'étendent à nouveau devant moi une infinité d'actions prédestinées entre lesquelles je peux choisir : la possibilité et la réalité effective de toutes sont prédestinées, mais non pas le fait que ce sont précisément celles que je choisis qui doivent s'ajouter à la série tout entière constituant jusqu'à maintenant mon individualité » (SS, SW IV, 227, 217).

Le divin ou l'ordre moral du monde se comprend donc comme une synthèse de prédestination et de liberté, non comme une harmonie préétablie, mais plus exactement comme un système où l'harmonie est, pour une part, préétablie, et, pour une autre part, créée à chaque instant. Ce mélange de prédestination et de liberté, ou, mieux, ce rapport entre les deux, est expressif du libre rapport que nous instituons à chaque instant, par nos choix, avec le divin lui-même, c'est-à-dire avec la volonté de Dieu, que nous pouvons suivre ou contrarier. Ce rapport est celui que l'*Initiation à la vie bienheureuse* pose, dans son langage, entre l'Être et l'Existence, à savoir entre Dieu et son extériorisation immédiate comme liberté du Moi. Ce lien religieux entre l'Être que nous ne sommes pas et l'Existence de l'Être que nous sommes, est un lien vivant, un lien qui est la Vie même, identifié encore dans le langage johannique, repris par Fichte, au Verbe (ASL, SW V, 480, 187). À la « racine » (ASL, SW V, 533, 248), comme dit Fichte, nous sommes le pur passage, le « vivant écoulement » (ASL, SW, V, 525, 239) de l'un à l'autre. En le concevant seulement, en voulant le saisir par le concept, on le tue. Le concept fige, solidifie le flux vivant ou la vie qui flue. C'est pourquoi l'attitude la plus contraire à la religion est d'enfermer Dieu dans un concept. Par le fait même de devenir un objet conçu en face du sujet qui le conçoit, Il cesse d'être infini, et donc d'être Dieu. Aussi le comble de l'erreur est-il d'attribuer à Dieu une personnalité, d'en faire une personne, puisque « en son concept, la personnalité présuppose des limites » (BM, SW II, 304-305, 213). On ne rejoint pas Dieu par le concept, mais par l'amour, qui n'est que la « volonté » (ASL, SW V, 517, 229) de Dieu en nous, donc dans l'Existence, « de continuer à se développer comme [Il] doit le faire nécessairement » (ASL, SW V, 517, 229), c'est-à-dire de s'unir à lui-même à travers la fusion complète de notre volonté et de la Sienne. « La béatitude elle-même consiste en l'amour » (ASL, SW V, 549, 265).

Le droit et l'État

Le droit est distinct pour Fichte de la morale, et la science de l'un reste indépendante de la science de l'autre. Le droit permet, tandis que la morale oblige. Le premier indique ce que l'on peut faire, la seconde ce que l'on doit faire. La loi juridique est conditionnelle, la loi morale est inconditionnelle. Ainsi, laisser subsister la liberté d'autrui est moralement un but en soi, au lieu que c'est juridiquement un moyen de remplir un but : ce n'est pas juridiquement nécessaire en soi, mais cela le devient, *si* je veux former société avec autrui, condition qui n'a rien d'obligatoire, puisque je peux toujours, après tout, préférer la vie d'ermite à la vie en communauté. L'analyse du droit distingue la déduction de son concept, la déduction de « l'applicabilité » de son concept (GNR, SW III, 56, 71), et enfin la déduction des conditions d'application réelle de son concept.

La première déduction fait apparaître le droit comme condition essentielle de la conscience de soi. L'être raisonnable fini ne peut se poser ni par conséquent avoir un concept de lui-même sans avoir en même temps, de manière nécessaire, un concept du droit, c'est-à-dire de la relation juridique qui l'unit à autrui. La conscience d'autrui est donc pareillement inséparable de la conscience de soi, et la relation juridique est la relation originaire à l'autre, ou, ce qui revient au même, la relation à l'autre est d'abord et essentiellement *comme* juridique. Cette relation consiste, pour chacun des êtres raisonnables entre lesquels elle s'établit, à « limiter sa liberté par le concept de la possibilité de la liberté de l'autre » (GNR, SW III, 52, 67).

La déduction de la relation juridique comme condition de la conscience de soi est, conformément à la méthode de Fichte, à la fois synthétique et *a priori*. L'être raisonnable, selon la pure forme de sa raison, est un agir sur soi, une spontanéité qui se déploie comme libre activité causale. C'est donc ainsi qu'il doit se poser, s'il se pose. Mais il lui faut réfléchir sur soi pour se poser, et il ne peut réfléchir que sur ce qui est limité, sans quoi la réflexion n'aurait pas d'objet, rien ne pouvant figurer par ailleurs comme objet sans être distinct d'un autre objet, c'est-à-dire sans être limité. Or, son activité est limitée par ce qui entrave et lie sa liberté : tel est l'objet perçu ou conçu, puisque l'activité qui perçoit ou conçoit est contrainte, précisément par l'objet, de le percevoir ou de le concevoir comme il *est*, par où elle cesse d'être libre. Se poser soi-même ou advenir à la conscience de soi est donc un acte apparemment contradictoire : il faut pouvoir se poser en même temps comme libre et comme limité, mais l'activité n'est libre qu'à la condition de n'être pas limitée ou assujettie aux objets, et elle n'est limitée ou assujettie aux objets que pour autant qu'elle a cessé d'être libre. En somme, réunir dans une même conscience, dans un même moment originaire, ces deux déterminations semble impossible, car si être libre, c'est se déterminer à agir, et si être limité, c'est intuitionner le monde et ses objets, on ne peut se déterminer à agir qu'en cessant d'intuitionner, et on ne peut intuitionner qu'en ne se déterminant plus à agir. Il faudrait, pour que cette réunion soit possible, que l'être raisonnable se saisisse en même temps comme déterminé, c'est-à-dire comme appréhendant un objet, et comme s'auto-déterminant, c'est-à-dire comme libre activité. Mais puisque la conscience de soi présuppose cette condition et que la conscience de soi est effective, il faut pouvoir envisager une synthèse des termes contradictoires qu'elle renferme. Une telle conciliation aurait bien lieu si l'être raisonnable était originairement déterminé à l'auto-détermination. Car il se saisirait alors comme appelé (donc déterminé par une influence extérieure limitante) à employer sa liberté (donc à ne pas subir d'autre détermination que celle exercée sur soi-même par soi-même). Sa liberté lui serait révélée en même temps que l'influence subie, non pas comme instantanément effective, mais comme à mettre en œuvre instantanément après « l'incitation (*Aufforderung*) » (GNR, SW III, 33, 49) ; en sorte que l'objet perçu serait lui-même la liberté d'auto-détermination du sujet. Cette adresse faite à sa liberté est nécessairement comprise par l'être raisonnable comme provenant d'un autre être raisonnable, donc libre, attendu que seule une action guidée par le concept de la liberté d'un être raisonnable a pu avoir eu pour fin d'en convoquer l'usage et d'en éveiller la connaissance chez celui-ci, et qu'une action conditionnée par la représentation du concept de sa fin est en général la marque de la liberté, *a fortiori* une action qui vise la connaissance (GNR, SW III, 38, 53). Or, *et* celui qui fait comprendre l'appel *et* celui qui le comprend doivent avoir le concept de la relation juridique. Car faire comprendre à autrui que l'on s'adresse à sa liberté n'est possible qu'en n'agissant pas sur lui comme sur de la matière brute, c'est-à-dire en limitant sa liberté par le concept de la possibilité de la liberté de l'autre. Et, de son côté, celui qui comprend l'appel à agir pose la coexistence de deux sphères de liberté : la sienne, au sein de laquelle, pour répondre à l'appel, « il a choisi une des actions qui y sont offertes comme possibles » (GNR, SW III, 42, 58), et celle de l'auteur de l'appel, où celui-ci a lui-même dû choisir de l'adresser. Or, poser la coexistence de ces deux sphères n'est possible qu'en limitant chacune par le concept de la possibilité de l'autre.

Pour démontrer que le droit est une science réelle, c'est-à-dire que le concept de droit n'est pas vide et qu'il a une application effective dans le monde, il faut encore déduire ses conditions externes et internes de possibilité.

Aux conditions *externes* de possibilité correspond *l'applicabilité* du concept de droit. Elles concernent les conditions de possibilité de la reconnaissance de la rationalité et de la liberté parmi les phénomènes, car, avant toute chose, pour que la relation juridique entre des êtres raisonnables ait lieu, il faut que ceux-ci puissent se reconnaître entre eux et discriminer, à l'intérieur du monde sensible, quels objets sont des êtres libres et de droit, et quels objets, simples choses ou animaux, ne le sont pas. Cette déduction est rendue nécessaire par le problème suivant. La conscience de soi est rendue possible par l'influence extérieure d'un autre être libre par quoi le sujet cible de cette influence se reconnaît comme libre. Mais un être raisonnable ne peut en appeler un autre à agir et le traiter comme un être libre que si l'autre être l'a incité à le faire en le traitant lui-même comme un être libre. Or, il est clair que celui dont la conscience de soi dépend de l'appel adressé par un autre n'est pas encore un Moi avant cet appel, et qu'il n'a pu vouloir l'inciter à agir ainsi avec lui, puisqu'il n'a pu le traiter auparavant comme un être libre. Il a donc dû agir et en même temps ne pas avoir agi sur l'autre personne. Comment est-ce possible ? Réponse : son corps a dû « agir causalement par sa simple existence dans l'espace, et par sa forme, et il faudrait qu'il agisse en tout cas de manière que chaque être raisonnable soit obligé de [le] reconnaître pour [le corps d'] un être capable de raison » (GNR, SW III, 75, 90). Le corps humain est tel en effet qu'il ne peut, en vertu de sa forme *articulée*, qui confère à chaque membre une possible indépendance de mouvement par rapport au tout, être perçu sans renvoyer à l'idée d'un être libre. Comme *articulation* en général, le corps humain déborde le concept d'*organisation*, bien qu'il soit aussi un produit organisé de la nature. Car il renvoie à une fin qui n'est pas bornée, comme chez la plante, à la reproduction de l'espèce. Comme articulation *indéterminée*, c'est-à-dire adaptée « à tous les mouvements qui, à l'infini, se peuvent penser » (GNR, SW III, 79, 94), il déborde le concept d'animal, chez qui l'articulation est « déterminée » (GNR, SW III, 79, 94), c'est-à-dire adaptée seulement à certains types de mouvements « arbitraires », et non à tous. Seul le corps humain, donc, en n'étant pas formé pour laisser chaque partie accomplir un type de mouvement déterminé à l'avance, est destiné à « recevoir une forme » (GNR, SW III, 79, 95). Or, par cette « déterminabilité à l'infini » (GNR, SW III, 79, 95) du corps s'annonce le propre de l'homme, qui est de n'être rien de déterminé au départ, mais d'avoir à déterminer son être, à le former, conformément à sa destination, par liberté. Ainsi, « par l'impossibilité de supposer pour une forme humaine un quelconque autre concept que celui de lui-même, tout homme est forcé intérieurement de tenir tout autre pour son semblable » (GNR, SW III, 80, 95).

Aux conditions internes de possibilité du concept du droit, enfin, correspond la déduction de son application réelle. Cette déduction est rendue nécessaire par « la tâche de la science du droit », qui s'énonce sous la forme de cette question, à laquelle il n'a pas encore été répondu : « *comment une communauté d'êtres libres en tant que tels est-elle possible ?* » (GNR, SW III, 85, 100) En effet, que la loi juridique conditionne la possibilité de la conscience de soi de l'être raisonnable, n'entraîne pas qu'il veuille en faire la maxime de ses actions, ce qui laisse pendante la question de savoir comment deux êtres raisonnables peuvent se donner mutuellement l'assurance de ne pas briser l'équilibre du droit sans la garantie duquel aucune communauté ne peut vouloir être formée. La difficulté n'est résolue que par le droit étatique et politique. Pour faire respecter les droits de tous, il est besoin d'une puissance publique contraignante que seul le gouvernement d'un État libre doit pouvoir exercer. Pour Fichte, ce n'est pas la division des pouvoirs exécutif et législatif qui fait qu'un État est libre, mais c'est l'existence, à côté du pouvoir d'État qui les détient tous les deux, d'un corps « d'éphores » (GNR, SW III, 171, 185), dont les « *tribuns du peuple* dans la république romaine » (GNR, SW III, 172, 185) sont dans l'Antiquité ce qui s'en rapproche le plus, et qui sont désignés par le peuple pour contrôler le travail des magistrats qui gouvernent en son nom et convoquer si besoin la communauté entière pour qu'elle juge par elle-même, en dernière instance, si les accusations portées par un éphore contre un magistrat soupçonné de ne pas remplir correctement ses fonctions sont fondées. La puissance coercitive de l'État est mise en place par un contrat social qui comporte trois moments, qui correspondent à autant de contrats particuliers dans lesquels il se résout, le dernier contrat étant celui qui parachève les deux autres, c'est-à-dire « qui seul garantit et protège les deux premiers contrats et les transforme tous deux, par leur réunion, en un contrat social » (GNR, SW III, 204, 215). Le premier contrat est le contrat de propriété, le second le contrat de protection, le troisième le contrat d'union. Le contrat de propriété est appelé par la nécessité de dépasser le caractère formel de la relation juridique initiale, qui ne définit pas par elle-même la limite jusqu'où peut s'étendre la liberté de chacun sans nuire à celle de l'autre. D'où la nécessité pour chaque individu qu'il « s'accorde avec tous sur la propriété, les droits et la liberté qu'il doit avoir, et sur ceux qu'il doit

inversement laisser aux autres sans y porter atteinte »
(GNR, SW III, 195, 207). Ce sont là les termes d'un
contrat, car il y a un engagement réciproque : chaque
partie s'engage à s'abstenir des biens de l'autre à la
condition que celle-ci fasse de même. Mais le but du
contrat n'est pas encore atteint tant que la sécurité des
biens n'est pas garantie à chacun. Il faut donc, pour que
le premier contrat ne reste pas sans effet, en conclure un
second, où chacun s'engage envers tous à les protéger
par la force au cas où il serait porté atteinte à leurs biens
ou à leurs personnes, à la condition qu'ils s'engagent à
faire de même avec lui. Mais là encore, le contrat est sans
portée, car une partie peut toujours juger que l'autre ne
s'est pas convenablement acquittée de sa promesse pour
qu'elle s'estime obligée en retour de remplir la sienne.
On voit donc que la simple *parole* donnée ne suffit pas.
Dès lors, il faudrait que, en bonne application de la
méthode synthétique, « promettre et remplir ce contrat
[soient] unis de façon synthétique, [que] *parole et acte* ne
deviennent qu'une seule et même chose » (GNR, SW III,
201, 213). Seul le contrat d'union fournit cette condition.
Il fait en sorte que passer le contrat soit déjà l'action de
réaliser ce pour quoi on le passe. Ainsi, ce n'est pas la
promesse faite par tous à tous de participer à la puissance
protectrice qui fait de chacun un membre de l'État, mais
c'est à l'inverse par l'action effective de contribuer
à sa puissance protectrice qu'on y fait son entrée
comme membre. La contribution de chacun « au corps
protecteur » ne consiste pas seulement à transférer son
droit naturel de contrainte au pouvoir d'État en donnant
« sa voix pour la nomination des magistrats », mais
aussi à « fournir sa contribution déterminée en forces,
en services, en produits, soit en nature, soit transformés

en argent » (GNR, SW III, 205, 216) pour en garantir matériellement le fonctionnement. Aussi bien, ce n'est que par cette contribution active que chacun est vraiment uni aux autres et que l'État forme un tout réel, un *totum* et non pas un *compositum* (GNR, SW III, 203, 214).

Cependant, comment le contrat d'union peut-il éviter de dégénérer en contrat de soumission? La liberté doit être conservée en même temps qu'elle est aliénée. C'est ce qui arrive si je suis assuré que la volonté de l'État sera toujours conforme à celle que je devrais avoir, c'est-à-dire conforme au droit. Pour que cela se produise, il faut qu'au moment d'entrer dans l'État, je puisse avoir connaissance de la loi qui préside chez lui à toutes les autres lois ou constitutions et que je puisse y souscrire.

L'État étant appelé comme garant des droits par l'égoïsme des hommes, sa destination est de disparaître en même temps que leur égoïsme. Mais cette disparition se situe au terme indéfiniment repoussé de l'effort des hommes pour devenir moraux.

L'éducation

L'éducation est un thème vers lequel converge toute l'œuvre de Fichte, et qui traverse tous les concepts qu'elle comporte. Il est impliqué dans les domaines du droit, de la morale, de l'État et de la politique, et s'impose comme un trait d'union entre eux. L'éducation se définit sous trois rapports absolument complémentaires : comme une condition de possibilité d'abord, comme une tâche ensuite, comme un art enfin. Comme condition de possibilité, elle est ce qui permet à l'homme, déjà, d'être homme parmi les hommes. Comme tâche, elle est un idéal moral, qui consiste, à l'horizon infini du développement de l'espèce, à amener l'homme à la perfection, c'est-à-dire à la réalisation de toutes ses dispositions. Elle est la formation pratiquement nécessaire de l'homme par l'homme. Comme art, elle est le moyen mis en œuvre pour assurer le rapprochement continu de l'homme de cette perfection, ou le progrès constant de cette formation.

Sous le premier rapport, l'éducation commence avec le droit. La relation juridique est le rapport originaire qui s'établit entre les hommes comme délimitation mutuelle de leur sphère de liberté. Or, la reconnaissance par chacun de la liberté de l'autre ne peut se faire qu'à partir de sa propre conscience de soi et de sa liberté, laquelle à son tour suppose, de la part de l'autre, une sollicitation, un appel à l'exercice de sa liberté. Conscience de soi et conscience de l'autre, de sa liberté propre et de celle d'autrui, sont donc données absolument en même temps, ce qui fait bien de la relation juridique le premier lieu de l'éveil de l'homme à lui-même et à sa liberté, c'est-à-dire le premier moment de l'éducation. Ainsi Fichte écrit-il : « L'appel à la libre spontanéité est ce que l'on nomme éducation. Tous les individus doivent nécessairement être éduqués à être des hommes, faute de quoi ils ne deviendraient pas des hommes » (GNR, SW III, 39, 55).

Se poser comme sujet libre grâce à l'action d'un autre sujet, ce n'est pas encore, toutefois, être éduqué à la liberté elle-même comme destination de notre être. Pour être pressentie en nous, notre destination ne nous est pas spontanément connue. La connaître suppose une claire conscience de ce que nous sommes, ce qui n'est pas possible, à moins de s'être élevé plus haut que l'idée de la liberté formelle, de la liberté comme simple faculté de choix, et d'être parvenu à l'intuition de la pure spontanéité du Moi pur dans laquelle s'enracinent toutes les tendances et tous les besoins de notre être intellectuel. C'est à réaliser ces tendances et à contenter ces besoins que l'homme, guidé par l'Idée du Moi pur, doit travailler. Avant toute chose, l'homme tend ainsi, afin de former avec lui-même une unité ou une identité totales, c'est-à-dire afin de se plier à la loi issue de l'identité pure du Moi qui n'est qu'activité – « loi de l'accord formel et total avec soi-même » (BG, SW VI, 310, 52) –, à vaincre toute forme de résistance et de passivité qui sont en lui à cause de son rapport avec le monde ou le Non-Moi. La tâche infinie de l'homme est donc d'effacer l'influence que le Non-Moi a sur lui. Celui qui enseigne aux autres hommes cette tâche et qui emploie ses forces et son talent à l'accomplir, est le véritable « *éducateur* du genre humain » (GNR, SW VI, 332, 76).

Pour substituer à la passivité en nous l'activité exigée par notre nature supérieure, il faut déjà pouvoir identifier en quoi consiste exactement l'influence du Non-Moi sur nous. Elle consiste, en premier lieu, dans la manière inégale dont se développent les dispositions des hommes qui, prises en elles-mêmes, sont pourtant également présentes en eux à l'origine. C'est que chaque disposition, en effet, a besoin d'une stimulation extérieure pour se donner carrière. Or, c'est d'abord la nature qui, par ses multiples aspects, offre à l'ensemble de nos dispositions des points d'appel extrêmement divers. C'est donc cette diversité elle-même qui explique que ce ne soient pas les mêmes dispositions qui se trouvent éveillées chez tous les hommes. « C'est ce mode d'action différencié de la nature, explique Fichte, qui détermine les individus et ce que nous appelons leur nature individuelle, empirique et particulière ; et nous pouvons dire à cet égard : aucun individu n'est parfaitement semblable à un autre au point

de vue de l'éveil et du développement de ses capacités »
(BG, SW VI, 313, 57). La première tâche de l'éducation
est donc de restaurer l'égalité entre les hommes en
développant harmonieusement chez eux toutes leurs
dispositions qui, une fois devenues conscientes, peuvent
être appelées des tendances. Seule une « culture de
l'habileté » (BG, SW VI, 315, 59) permet d'accomplir
cette tâche, et c'est l'éducation mutuelle entre les
hommes en société qui en est le principe. Elle suppose
en effet une habileté à donner, et une habileté à recevoir,
par lesquelles doit s'établir la vraie réciprocité des
échanges entre les individus dans la société. L'habileté à
donner, c'est l'art de cultiver les autres dans le domaine
où la nature et la société ont le mieux favorisé le
développement de nos dispositions. L'habileté à recevoir,
c'est la capacité à se laisser soi-même cultiver par les
autres là où nos dispositions sont restées au contraire de
simples virtualités. Cette mise en commun des talents
qui permet à chacun de former les autres en étant formé
par eux en retour, fait progresser toute la société, et pour
peu que ce procédé s'étende aux autres sociétés, fait
progresser toute l'humanité. « C'est ainsi que la faute
commise par la nature est compensée par la raison et
la liberté ; cette culture partielle que la nature a donnée
à l'individu devient la propriété de l'espèce entière ; et
l'espèce entière donne en retour sa culture à l'individu »
(BG, SW VI, 314, 58).

Pour que l'égalité entre les membres de la société ne
soit pas un vœu pieux, il faut que la société soit organisée
de telle sorte que chacun y puisse choisir sa position au
lieu de se la laisser imposer ; qu'il soit libre de la vouloir
au lieu de la subir. En d'autres termes, les dispositions qui
ont reçu le plus de développement en lui doivent pouvoir

guider le choix de sa position sociale. Dans le cas contraire, les talents de l'individu seraient perdus pour la société, et la société à son tour, affaiblie par cette perte, serait moins apte à le former. Mais, « sans compter que c'est opposé aux règles de prudence de contraindre un homme à une position sociale et de l'exclure d'une autre » (BG, SW VI, 320, 64), avoir la liberté d'embrasser une position sociale est la contrepartie nécessaire du devoir. En effet, chacun bénéficie, en naissant et en vivant dans la société, de tout ce que la suite des générations des hommes avant lui a inventé pour tourner les obstacles de la nature. C'est donc la meilleure façon pour lui de se rendre digne de cet héritage, que d'étendre, dans le domaine où il exerce son talent, le savoir que ses prédécesseurs lui ont légué. Or, il lui faut bien, pour cela, être libre au départ de se livrer à « la culture plus approfondie d'un talent déterminé », ce qui est la même chose que choisir une « position sociale déterminée » (BG, SW VI, 320, 64).

En résumé, l'éducation de l'homme, sous ce dernier rapport, est l'accomplissement de sa liberté, qui est un but infini, car elle est toujours partiellement limitée par le Non-Moi, la nature. Il s'agit donc d'une libération progressive de sa liberté elle-même, qui ne serait liberté totale que chez un homme dont l'éducation des facultés serait totale.

Mais former l'homme est aussi un art. Son efficacité suppose deux conditions réunies. La première condition est que cet art soit, en tant que moyen d'éveil, homogène à ce qu'il doit éveiller, aux dispositions portées par l'auto-activité de la raison; c'est-à-dire qu'il soit guidé par la compréhension des ressorts véritables sur lesquels il doit agir en l'homme pour le rapprocher de sa destination. Elle suppose, en tant que telle, une rupture avec les méthodes éducatives antérieures qui, au lieu de combattre l'égoïsme et l'intérêt matériel pour soi-même, comptaient sur ces derniers pour avoir « prise » sur le bénéficiaire de l'éducation : aussi « il était indispensable de surmonter son aversion en le consolant par l'évocation de l'utilité future de ces connaissances, en lui disant qu'il ne pourrait gagner sa vie et être estimé que grâce à elles, et en usant même de punitions et de récompenses immédiates, en sorte que, d'emblée, la connaissance était mise au service du bien-être matériel » (RDN, SW VII, 289, 86). En restant dépendant des travers même qu'il tente de corriger chez l'homme, ce procédé est condamné à échouer, ou, du moins, à n'avoir qu'une portée limitée, celle de modifier « quelque chose en l'homme », faute de pouvoir modifier « l'homme lui-même » (RDN, SW VII, 276, 67). Modifier l'homme lui-même, c'est le rendre moral, faire que sa volonté ne soit plus capable de choisir le mal, au point que la liberté même de choisir entre le bien et le mal soit anéantie. C'est en éveillant le plaisir de faire le bien que l'on fera naître chez l'élève une volonté immuablement bonne, car « l'homme ne peut vouloir que ce qu'il aime » (RDN, SW, VII, 283, 77). – La seconde condition est que l'art éducatif agisse le plus tôt possible sur l'homme, car un esprit jeune n'a pas encore perdu ni son agilité, ni le goût de la liberté et de l'émancipation intellectuelle. L'enfant est donc son premier destinataire. Puisqu'il s'adresse à l'enfant en général, et non à certains enfants, il suppose une éducation qui soit la même pour tous, une éducation qui concerne l'ensemble et non plus seulement une couche particulière de la population, bref, une « éducation nationale », prise en charge par l'État.

L'enjeu d'une éducation nationale est indissociablement moral et politique. À l'époque où Fichte rédige ses

Discours à la nation allemande, où il en détaille le projet, la Prusse est envahie par les armées napoléoniennes. Il caractérise cette époque comme celle où l'égoïsme, ayant gagné le peuple et les gouvernants, vient de s'abolir après avoir atteint son point culminant et s'être retourné contre lui-même en ayant servi des intérêts étrangers. Dans ce contexte, une éducation nouvelle est ainsi posée par Fichte comme le moyen de régénérer le sentiment de l'unité nationale et de retisser les liens entre les membres de l'État. Mais c'est aussi contre les conceptions politiques de l'*Aufklärung* que se dresse l'idée de la nouvelle éducation. Dans son opuscule de 1784, sur lequel nous reviendrons, l'*Idée d'une histoire universelle au point de vue cosmopolitique*, Kant voit le progrès humain comme ordonné mécaniquement au jeu des égoïsmes, faisant de la société une machine bien réglée conduisant vers la liberté. Mais d'où viendrait, dans un système où tout est contrainte, la première contrainte ? Car il faudrait qu'elle soit elle-même contrainte à contraindre. « Je veux bien admettre en effet, écrit Fichte, que vous ayez procuré à votre mécanisme toute la perfection que vous recherchiez, et qu'en elle chaque pièce inférieure subisse la contrainte, inévitable et irrésistible, qu'exerce sur elle une pièce supérieure, elle-même contrainte d'exercer cette contrainte, et ainsi de suite jusqu'au sommet : par quoi, dans ces conditions, votre pièce ultime, dont procède toute contrainte qui s'exerce dans la machine, sera-t-elle contrainte d'exercer sa contrainte ? » (RDN, SW VII, 364, 191-192). Cette impossibilité de poser une contrainte absolument première, Kant la reconnaît lui-même, car elle revient pour lui à l'impossibilité de trouver un premier maître qui n'ait pas lui-même besoin d'un maître qui le contraigne à respecter le droit.

L'aporie du maître est interprétée par Fichte comme le signe indubitable que le passage de l'égoïsme à la liberté ne s'accomplit pas par l'égoïsme, incapable de médiatiser son propre dépassement, mais par la liberté. – Par la liberté, c'est-à-dire : par l'éducation, entendue comme agir de la liberté sur la liberté. Elle seule peut produire l'esprit de justice, c'est-à-dire le terme radicalement premier que suppose en vain le modèle mécanique de la société pour pouvoir progresser vers la liberté. « Cet esprit constitue le ressort qui, tirant de lui-même sa propre vie, éternellement en mouvement, ordonnera et dynamisera la vie de la société » (RDN, SW VII, 366, 194).

LES ŒUVRES MAJEURES

Il n'existe pas d'ouvrage à proprement parler mineur de Fichte. Nous avons dû faire un choix, en sachant que Fichte a continué d'écrire et de professer activement jusqu'à sa mort en 1814, ayant exposé après la publication de la *Grundlage* jusqu'à quinze versions de la *WL*, sans cesse reprise et remaniée, dans un parcours moins fait de ruptures nettes que d'approfondissements successifs. Les dernières versions sont celle de 1813, interrompue à cause de la guerre entre la Prusse et la France, et celle de 1814, peu exploitable.

ASSISE FONDAMENTALE
DE LA DOCTRINE DE LA SCIENCE (1794)

Nous avons exposé plus haut le sens des trois premiers principes. Avec le troisième est déduite la structure de la représentation : j'oppose dans le Moi un Non-Moi divisible au Moi divisible. Mais la contradiction fondamentale qui réside entre l'autoposition du Moi et la position du Non-Moi n'a pas fini d'être résolue par le troisième principe. Avec lui commence au contraire une longue série de synthèses qui sont là pour dénouer progressivement toutes les contradictions encore présentes en lui. La dernière synthèse met en évidence sa signification véritable. Chaque synthèse marque ainsi une étape nécessaire de l'esprit pour arriver à penser ce qui doit l'être. Elle est vraie, en tant qu'elle est nécessaire, mais elle devient fausse, dès qu'on la coupe du mouvement dans lequel elle est prise et qu'on veut en faire un point de vue définitif. Puisque le Moi et le Non-Moi sont posés comme se limitant mutuellement dans le troisième principe, ce dernier contient les deux propositions suivantes : le Moi pose le Non-Moi comme déterminé par le Moi, et : le Moi se pose comme déterminé par le Non-Moi. La seconde proposition est le fondement de la partie théorique de la Doctrine de la science, qui cherche à expliquer comment la représentation est possible dans le Moi, c'est-à-dire comment le Moi peut être limité alors qu'il se pose comme infini. La solution se trouvera pourtant dans la partie pratique, qui a pour fondement la première proposition.

La fondation du savoir théorique

Il faut d'abord pouvoir expliquer comment le Moi peut être à la fois déterminé et déterminant, car s'il se pose comme déterminé, il se détermine comme tel, et donc est aussi bien déterminant. Moi et Non-Moi composant la totalité de la réalité, il faut bien qu'ils se déterminent réciproquement, et que la réalité qui revient à l'un soit autant de réalité qui est niée dans l'autre. Pourtant, comme le Moi ne pose à l'origine que lui, il est toute la réalité. Comment donc le Non-Moi peut-il en venir à être posé en lui ? En tant que le Moi est actif et que le Non-Moi lui est opposé, la réalité correspond à l'activité et la négation à la passivité. En vertu de l'identité de la quantité totale de réalité, ce n'est qu'autant qu'il y a de la passivité dans le Moi que l'activité, et donc la réalité, qui lui manque, peut être accordée au Non-Moi. Telle est la synthèse de la causalité, qui ne pose de la réalité dans le Non-Moi, que parce que de la passivité est d'abord posée dans le Moi, et pour expliquer celle-ci. La passivité dans un terme doit être causée par l'activité de l'autre. Mais comment le Moi peut-il poser de la passivité en lui ? En posant la passivité, non plus comme qualité, mais comme quantité, comme un quantum d'activité, soit comme activité diminuée. Telle est la synthèse de la substantialité, qui fait du Moi déterminé comme totalité absolue de la réalité, la substance, et de la représentation déterminée comme sphère délimitée à l'intérieur de cette totalité, un accident du Moi. Mais c'est un cercle. Sans une activité du Non-Moi posée antérieurement à cette diminution de l'activité du Moi, celle-ci reste inexpliquée ; mais il faut partir de la passivité du Moi pour poser l'activité du Non-Moi. Aucune de ces deux relations, cause-effet, substance-accident, ne suffit à dénouer la contradiction, donc à expliquer la représentation. Il faut donc supposer, outre ces relations, une activité indépendante de celles-ci, soit une activité du Moi sans passivité correspondante du Non-Moi, et une activité du Non-Moi sans passivité correspondante du Moi. Or, cela contredit en même temps la loi de détermination réciproque qui vaut dans la relation acte-passivité. Activité indépendante et relation acte-passivité doivent donc se déterminer réciproquement. De là les trois propositions suivantes : « 1) Par la relation acte-passivité une activité indépendante est déterminée. 2) Par une activité indépendante une relation acte-passivité est déterminée. 3) Ces deux propositions se déterminent mutuellement » (GWL, SW I, 151, 59).

1. L'activité indépendante à laquelle conduit la relation de causalité est celle du Non-Moi, car la passivité du Moi, dont elle part, est une qualité, et

la raison d'une qualité est une raison réelle. Le Moi n'est ici qu'un accident du Non-Moi. Tel est le « *fatum* spinoziste » ou réalisme dogmatique (GWL, SW I, 155, 62). L'activité indépendante à laquelle conduit la relation de substantialité est celle du Moi, car s'il n'y a dans le Moi-substance que de l'activité, seule une action absolue du Moi peut le limiter. Tel est le leibnizianisme ou idéalisme dogmatique (GWL, SW I, 155, 62). Le premier contredit l'essence du Moi, et le second ne peut justifier sa limitation.

2. En considérant comme effectuée la relation acte-passivité, la proposition 1 envisage la matière de celle-ci, soit les termes qui la composent. En considérant son effectuation, la proposition 2 envisage sa forme. Le « transfert » est la forme de la relation de causalité, puisque l'activité supprimée dans le Moi est transférée au Non-Moi, et inversement. L'action qui effectue ce transfert, autrement dit, la fondation formelle de la relation de causalité, est une activité indépendante du Moi. De même, l'« aliénation » est la forme de la relation de substantialité, puisqu'elle consiste à poser la limitation, soit ce qui n'est pas posé dans le Moi, à partir du « poser » de la totalité de la réalité. Ce passage du poser au non-posé suppose une activité indépendante du Moi qui rend possible la relation.

3. Comme la relation et l'activité indépendante ont chacune une matière et une forme, il faut d'abord composer celles-ci avant de composer les résultats de ces compositions. On obtient ainsi, du point de vue de la causalité, les neuf synthèses suivantes : a. L'activité indépendante de la forme de la relation détermine l'activité indépendante de sa matière. Cela signifie que, en transférant de l'activité d'un terme à l'autre, le Moi pose

une activité du Non-Moi. C'est un idéalisme dogmatique.
b. L'activité indépendante de la matière de la relation détermine l'activité indépendante de sa forme. Cela signifie que le Non-Moi (l'activité de la chose en soi) détermine le non-poser en vertu duquel le Moi effectue le transfert. C'est un réalisme dogmatique. c. a) et b) doivent être composés. Ne pas poser et poser doivent être pour le Moi identiques. Ne pas se poser est, pour le Moi, poser le Non-Moi, par où le Non-Moi est posé par le Moi, bref, n'est pas posé indépendamment du Moi, comme une chose en soi, mais relativement au Moi. Tel est l'idéalisme critique. d. La forme de la relation détermine sa matière. Cela signifie que les termes de la relation sont opposés en vertu de l'acte qui les supprime l'un par l'autre. e. La matière de la relation détermine sa forme. Cela signifie qu'il n'y a suppression réciproque qu'en vertu de leur qualité d'être opposés. f. d) et e) doivent être composés. Cela signifie que, dans la mesure où leur qualité d'être opposés est quand même posée par le Moi, tout est toujours, conformément à l'idéalisme critique, pour le Moi. g. L'activité composée (e) détermine la relation composée (f). L'activité composée définit « la loi de la conscience » (GWL, SW I, 185, 80) : chaque terme est posé par l'autre. Elle détermine « l'opposition essentielle » des termes de la relation. Ce « nouvel » idéalisme ou idéalisme quantitatif est plus conséquent que l'idéalisme dogmatique ou qualitatif, car il admet un fondement, une loi, de la limitation, quand le premier n'en fournit aucun. h. La relation composée détermine l'activité composée. Cela signifie que l'opposition essentielle des termes amène à les poser médiatement en ôtant à chacun d'eux la part de réalité qui revient à l'autre. C'est un réalisme quantitatif, car il ne part

d'aucun des deux termes isolément, mais de leur entre-
deux ou qualité réelle commune. Il aboutit ainsi à poser
une « limitation réelle du Moi » (GWL, SW I, 185, 81)
sans la reconduire ni à une action absolue du Moi en
soi (idéalisme qualitatif) ou à une loi du Moi (idéalisme
quantitatif), ni à une activité du Non-Moi en soi (réalisme
qualitatif). Le réalisme quantitatif, en ce sens, est identique à l'idéalisme critique. D'autant que si Kant pose
une chose en soi, il ne peut lui attribuer de causalité, sous
peine de faire un usage fautif de cette catégorie. i. g) et
h) doivent être composés. C'est la synthèse suprême au
point de vue de la causalité, que Fichte appelle idéalisme
quantitatif critique. Elle signifie que l'opposition réelle
des termes et la loi idéale du poser médiat s'identifient
dans un fondement commun, bien qu'on ne fût pas
encore en mesure d'indiquer lequel.

Du point de vue de la substantialité, les synthèses
se déroulent exactement de la même manière. Il est
cependant remarquable que la dernière synthèse à
laquelle donne lieu le concept de substantialité est
plus abstraite que la dernière synthèse à laquelle
conduit le concept de causalité, ce qui veut dire qu'elle
élève à un degré supplémentaire de détermination la
composition des opposés, ou, ce qui revient au même,
nous rapproche davantage de la solution contenue dans
la partie pratique et favorise le passage à cette dernière.
La synthèse par détermination réciproque de l'activité
indépendante et de la relation, aboutit en effet à la mise
en évidence de la notion de « choc » (*Anstoß*) comme
seule capable de synthétiser l'autoposition absolue du
Moi et la position du Non-Moi. L'activité de la forme
composée avec celle de la matière est l'acte par lequel
le Moi tient les opposés unis à partir de ce qui les rend

composables : leur « déterminabilité » ou leur propriété d'être « réciproquement déterminables l'un par l'autre » (GWL, SW I, 206, 94). La relation comme « unité synthétique » fait tomber l'une dans l'autre sa forme et sa matière. Sa forme est l'exclusion réciproque, car si le Moi se pose comme étant la réalité absolue, le Non-Moi est posé en dehors de sa sphère. Comme le Moi et le Non-Moi doivent cependant coexister, la matière de la relation est l'intégration de la réalité absolue du Moi dans une sphère plus grande composée de la sphère déterminée du subjectif et de la sphère indéterminée de l'objectif. Que l'activité détermine la relation, signifie donc que « la rencontre des termes de la relation, comme telle, a pour condition une activité absolue du Moi par laquelle celui-ci oppose un terme objectif et un terme subjectif et les compose tous deux » (GWL, SW I, 208, 96). C'est un idéalisme. Mais il est, à lui tout seul, intenable, car il laisse inexpliquée, conformément au vice de l'idéalisme en général, la provenance de l'objectif, sachant que l'essence du Moi ne renvoie qu'à son autoposition. Que la relation détermine l'activité, signifie que c'est par la « rencontre » des termes opposés dans la conscience que « l'opposition et la compréhension par l'activité du Moi sont possibles » (GWL, SW I, 210, 97). C'est un réalisme. Sa supériorité sur l'idéalisme précédent comme sur les autres réalismes, est que « l'être objectif qui doit être exclu [de la sphère absolue du Moi] n'a nul besoin d'exister » (GWL, SW I, 210, 97). La relation qui détermine l'activité consiste juste en un choc intervenant sur le Moi. Il suffit que le choc lui impose la tâche de se limiter lui-même, pour que la détermination correspondante à la limitation cesse d'apparaître comme un fait inexplicable (réalisme quantitatif). Le Non-Moi, au lieu d'être posé pour expliquer la limitation (réalisme qualitatif), est posé à l'inverse pour que la limitation ait lieu, car le Moi ne peut se limiter qu'en s'opposant à lui-même un Non-Moi. Ce réalisme reste toutefois insuffisant. Car on ne voit pas encore comment le Moi en vient à poser la relation ou le choc. Le choc n'est pour le Moi que si le Moi est actif, c'est-à-dire que s'il s'applique à l'activité d'autoposition du Moi lui-même (on verra dans la partie pratique de la Doctrine de la science dans quelle mesure cette affirmation pourra être maintenue). Ainsi sont synthétisées l'activité et la relation : « pas d'activité du Moi, pas de choc »; « pas de choc, pas d'auto-détermination » (GWL, SW I, 212, 98).

La fondation du savoir pratique

La proposition qui fonde le savoir pratique est : le Moi se pose comme déterminant le Non-Moi. Comme précédemment, il faut résorber les contradictions renfermées par cette proposition. La contradiction principale qui nous arrête demeure entre le Moi comme infini et le Moi comme fini. Pour que le Moi puisse se poser comme déterminant le Non-Moi, il faut que son activité consiste à poser un objet, c'est-à-dire soit objective. Or, si son activité est objective, elle est limitée, c'est-à-dire n'est pas pure. L'activité pure du Moi est celle de son autoposition absolue, dans laquelle le Moi ne pose et ne rencontre à l'infini que lui-même, c'est-à-dire se réfléchit en lui-même uniquement. L'activité du Moi ne semble donc pas pouvoir être en même temps pure et objective. Si elle est pure, c'est qu'elle ne rencontre pas de limite, et si elle rencontre une limite, c'est qu'elle a cessé d'être pure pour devenir objective. Pourtant, le Moi doit être l'un et l'autre, activité pure et activité objective. Autrement dit, le Moi pur ne peut cesser de l'être, et c'est en même temps un fait que le Moi est limité. Le Moi pur ne peut cesser de l'être, car il *est* l'autoposition absolue du Moi sans laquelle aucun Moi n'est possible, ni par conséquent aucune de ses actions. Et si par ailleurs le Moi n'était pas limité, il n'y aurait nulle part aucun être raisonnable fini. Comment donc le Moi peut-il être à la fois illimité et limité ? Si le Moi limité est Intelligence, comment supprimer la « contradiction entre l'indépendance du Moi, comme être absolu, et la dépendance de celui-ci comme Intelligence » (GWL, SW I, 254, 128) ? On peut certes invoquer l'idée que l'activité objective est elle-même l'effet de l'activité pure, de telle sorte qu'elles restent distinctes et que l'activité pure n'ait pas de rapport direct mais seulement médiat avec l'objet. Toutefois, cela ne suffit pas à préserver le caractère absolu et infini de l'acte pur d'autoposition, car seul un choc explique le passage de l'activité pure à l'activité objective, ce qui suppose à nouveau la limitation de l'activité pure. Il faut donc un X, encore inconnu, capable de mettre en relation l'activité pure et l'activité objective.

Un second problème est posé par le choc lui-même. Le choc suppose l'intervention de quelque chose d'extérieur et d'étranger au Moi. Comment le Moi, qui par définition est enfermé dans son plan d'immanence, peut-il poser en soi une influence extérieure ? « L'essence du Moi consiste en son activité ; si donc cet élément hétérogène doit pouvoir être attribué au Moi, il doit être une activité du Moi ; activité qui ne peut pas être hétérogène en tant qu'activité, mais dont la direction seule pourrait être hétérogène et fondée non pas dans le Moi, mais hors du Moi » (GWL, SW I, 272, 140). Cela signifie que l'activité initiale du Moi qui se pose est une activité qui progresse à l'infini vers l'extérieur, et que le choc renvoie cette activité sur elle-même, autrement dit vers l'intérieur, si bien que deux directions opposées de l'activité du Moi se font jour dans le Moi, une direction centrifuge et une direction centripète. Mais il faut alors pouvoir répondre à la question suivante : « comment le Moi parvient-il à cette direction de son activité vers l'extérieur à l'infini ? Comment peut-il distinguer une direction vers l'extérieur d'une direction vers l'intérieur ? » (GWL, SW I, 272, 140).

La réponse à cette question permettra en même temps de découvrir le X médiatisant les activités pure et objective. Premièrement, on peut déduire que si une influence extérieure (ou ce qui paraît tel au Moi) doit avoir lieu, il faut que se trouve au préalable dans le Moi une action inhérente à son concept par laquelle il conditionne la possibilité d'une telle influence. Dans les termes de Fichte : « si le Non-Moi doit pouvoir en général poser quelque chose dans le Moi, il faut que la condition de possibilité d'une telle influence étrangère au Moi sur le Moi lui-même, soit fondée dans le Moi absolu, avant toute action étrangère et réelle. Le Moi doit originairement et absolument poser en soi la possibilité que quelque chose agisse sur lui » (GWL, SW I, 272, 140). – « Avant toute action étrangère et réelle », c'est-à-dire : avant le choc. Le Moi absolu doit appeler par lui-même, donc avant toute conscience, une action intermédiaire entre l'acte absolu d'autoposition proprement dit et l'action de poser à l'intérieur du Moi un Non-Moi limité opposé au Moi limité. Ce doit être la première action par laquelle le Moi sort de lui-même, c'est-à-dire s'ouvre à l'extériorité en général. Il est exclu en effet que cette action soit l'autoposition absolue elle-même, car le Moi pur est sans extériorité, absolument rien ne pouvant être distingué en lui, *a fortiori* aucune direction de son activité. Dans le Moi pur, « les deux directions de l'activité du Moi, celle qui est centripète et celle qui est centrifuge, tombent l'une dans l'autre et ne sont qu'une seule et même direction » (GWL, SW I, 275, 142). Cette action est donc nécessairement un *second* acte d'autoposition. Elle est le moment clé dans la genèse de la conscience de soi. De là ce passage, qu'il faut citer entièrement : « Le Moi se pose lui-même absolument et par là il est parfaitement en lui-même et fermé à toute impression extérieure. Mais, s'il doit être un Moi, il doit aussi se poser comme étant posé par soi ; et par ce nouvel acte de position, se rapportant à un acte de position originaire, il s'ouvre, pour s'exprimer ainsi, à une expérience extérieure ; c'est uniquement en vertu de cette répétition de l'acte de position, qu'il pose la possibilité qu'il puisse y avoir aussi quelque chose, en lui, qu'il ne pose point lui-même » (GWL, SW I, 276, 143). Tout se passe comme si le Moi, fait pour advenir à la conscience de soi, était par sa propre nature jeté dans la nécessité de s'appréhender lui-même. La première occasion de s'appréhender lui-même lui est laissée par son acte absolu d'autoposition qui, comme jaillissement spontané de la lumière et pur moment d'auto-apparition, pur acte d'être pour-soi, dépose en quelque sorte au fond de lui l'Idée de lui-même comme réalité absolue et infinie qui, agissant sur lui comme une exigence absolue, l'engage à se traverser lui-même pour se vérifier tel que son Idée le pose, à savoir *comme* infini. Ainsi que l'écrit Fichte, « le Moi exige de comprendre toute la réalité en soi et de remplir l'infinité. Au fondement de cette exigence se trouve nécessairement l'Idée du Moi infini et absolument posé » (GWL, SW I, p. 277, 143). Obligé de réfléchir ainsi sur soi pour s'assurer de sa propre infinité, il s'ouvre à l'éventualité de se trouver limité, donc d'être confronté à une extériorité, par où son mouvement de réflexion initié par sa propre Idée est un mouvement d'extériorisation, de sortie de soi. Telle est la genèse du Moi pratique, c'est-à-dire du Moi prêt à repousser la limite qu'il trouverait en lui pour recouvrer l'infinité de son essence. Contrairement donc à une idée reçue sur le système de Fichte, ce n'est pas le choc qui rend le Moi pratique, mais c'est en se faisant d'abord pratique, c'est-à-dire en sortant de soi, que le Moi s'ouvre à la possibilité d'un choc : « Le Moi doit – et cela est aussi compris en son concept – réfléchir sur lui-même, afin de savoir s'il contient effectivement toute la réalité en soi. Il met au fondement de cette réflexion cette Idée et par conséquent, appuyé sur elle, il se dépasse à l'infini ; dans cette mesure il est pratique : non pas absolu, puisqu'il sort de soi précisément en vertu de cette tendance à la réflexion ; il n'est pas plus théorique, puisqu'il n'y a rien d'autre au fondement de sa réflexion que cette Idée jaillissant du Moi lui-même et qu'il est totalement fait abstraction d'un choc » (GWL, SW I, p. 277, 143-144). Ainsi le choc ne rend pas le Moi pratique, mais théorique, c'est-à-dire lui donne naissance comme Intelligence.

On comprend maintenant le rapport entre les trois aspects du Moi : absolu, pratique et théorique. C'est un rapport génétique qui explique comment il peut être donné naissance à la représentation sans que celle-ci annule et contredise l'absoluité du Moi pur. C'est le caractère pratique du Moi qui, en définitive, est le X que nous recherchions. C'est lui qui fait le lien entre l'activité pure et l'activité objective du Moi en préservant la spécificité des deux tout en leur permettant de s'unir dans le Moi. Car il n'y a pas trois Moi à proprement parler – le Moi pur, le Moi pratique et le Moi théorique, comme s'ils étaient réellement séparés –, mais trois aspects d'un seul et même Moi. Ce n'est pas le Moi pur qui se limite face à l'objet, mais l'activité pratique qu'il engendre lui-même à la faveur de l'Idée qui lui impose la tâche de se poser une seconde fois en s'égalant à la *Tathandlung*. Ce n'est qu'une fois renvoyée sur elle-même par le choc, que l'activité s'extériorisant cesse d'être exclusivement pratique pour se dédoubler en activité pratique et théorique. C'est comme *effort infini* que le Moi pratique réconcilie l'infinité du Moi pur et la limitation du Moi théorique. Comme *effort* infini, il reflète la limitation due au choc et la finitude de l'Intelligence. Comme effort *infini*, il reflète le Moi pur dont il conserve en lui l'exigence d'unité et d'absoluité. Même limité, le Moi se projette « par-delà tous les chocs possibles » (GWL, SW I, 277, 144) et les dépasse – non pas réellement, mais idéalement, s'entend – en posant le terme de son effort à l'horizon infini de son action que restreint mais que ne supprime pas le choc. Aussi bien, le Moi pur est tout à la fois au fondement et à l'horizon du Moi – la première fois comme essence auto-active, intuition intellectuelle, et la seconde fois comme « Idée », comme « but suprême de l'effort de la raison » (ZE, SW, I, 516, 310), que nous n'atteindrons jamais, mais duquel « nous devons jusqu'à l'Infini nous approcher » (GWL, SW I, 510, 310).

Il est remarquable que les trois premiers principes, exposés dans la *Première partie* de la *Grundlage*, reçoivent dans la *Troisième partie*, non pas un autre sens, mais leur signification la plus aboutie. Car on s'aperçoit, en définitive, que les trois premiers principes de la Doctrine de la science correspondent respectivement – chose encore trop peu remarquée – au Moi pur, au Moi pratique, et au Moi théorique. En effet, la correspondance entre le Moi pur et le premier principe, le pur acte d'autoposition, a déjà été établie et est explicitement formulée au § 1. Le second principe ou pur acte d'opposition, n'a pas pour sens, on le sait, de poser un Non-Moi réel (monde ou nature), mais le simple horizon indéfini du Non-Moi, soit la simple possibilité du Non-Moi ou encore la simple ouverture du Moi vers autre chose que lui-même. Or, cet acte correspond à la sortie de soi du Moi, identifiée à la naissance du Moi pratique, c'est-à-dire à la répétition, tout à la fois guidée et exigée par l'Idée du Moi infini, de l'acte d'autoposition. C'est pourquoi le Moi pratique a été « déduit génétiquement de la loi du Moi consistant à réfléchir sur soi et à exiger de se trouver dans cette réflexion comme étant toute réalité. [...] Cette nécessaire réflexion du Moi sur lui-même est le fondement de tout mouvement par lequel le Moi sort de lui-même » (GWL, SW, I, 276, 143). Concernant le troisième principe, l'acte de position dans le Moi et par le Moi du Moi et du Non-Moi divisibles, il donne la structure même de la représentation, qui contient en elle le Moi qui représente et le Non-Moi représenté, soit le sujet opposé à l'objet. En se posant cette fois comme limité, c'est-à-dire en même temps comme opposé à ce qui le limite, le Moi est, en vertu du choc qui a eu lieu sur son activité, Intelligence, c'est-à-dire Moi théorique. Cela ne veut pas dire, bien entendu, que dans le troisième principe, le Moi pratique ne soit pas présent ; le Moi est d'autant plus pratique qu'un objet lui fait maintenant face et excite son effort pour le dépasser. Cela veut dire bien plutôt que, au lieu d'être uniquement pratique, comme dans le second principe, le Moi est aussi théorique dans le troisième, mais qu'il n'y a que dans ce dernier principe qu'il revêt cet aspect théorique. C'est la raison pour laquelle le second principe ne donnait naissance qu'à « la série de ce qui doit être et de ce qui est donné par le seul Moi, en d'autres termes la série de l'Idéal », entièrement commandée par l'Idée de l'être absolu du Moi, et que le troisième principe donne naissance à une autre série, celle du Réel, commandée cette fois par le choc : « Si la réflexion se dirige sur ce choc et si par conséquent le Moi considère le mouvement par lequel il sort de soi comme limité, alors surgit une tout autre série, celle du Réel, qui est déterminée par quelque chose d'autre, que par le seul Moi, – et dans cette mesure le Moi est théorique ou Intelligence » (GWL, SW I, 277, 144).

Le cercle de l'esprit fini

Le choc occupe une place centrale dans la genèse de la conscience. Dans la mesure où il fait que le Moi pose un Non-Moi, on ne peut que se demander, au final, si la Doctrine de la science est un réalisme ou un idéalisme.

La réponse la plus conforme à l'esprit de la Doctrine de la science est qu'elle n'est ni l'un ni l'autre, parce qu'elle est l'un et l'autre. Elle est un réalisme, assurément, puisqu'un Non-Moi extérieur au Moi est posé pour expliquer la limitation du Moi. D'un autre côté, « en dépit de son réalisme ce savoir n'est pas transcendant, mais demeure transcendantal en ce qu'il a de plus profond » (GWL, SW I, 280, 145). Car la position de la chose en soi n'a pas lieu parce qu'il existe réellement, indépendamment de l'acte qui la pose, une chose en soi, mais en vertu simplement des lois du Moi qui ne peut faire autrement que d'en appeler à une chose en soi pour se rendre compte à lui-même du sentiment de sa limitation. « Certes, écrit Fichte, la Doctrine de la science explique toute conscience en partant de l'existence d'un être indépendant de toute conscience ; mais elle n'oublie pas qu'en cette explication elle se dirige d'après ses propres lois et dès qu'elle réfléchit sur ce fait, cette existence indépendante devient elle-même un produit de sa propre pensée » (GWL, SW I, 280, 145). On a ainsi une identification parfaite de la raison réelle (la chose en soi) et de la raison idéale (ce qui est issu du Moi). Cette identification entraîne celle du réalisme et de l'idéalisme, en sorte que la Doctrine de la science est « un idéalisme-réel ou un réalisme-idéel (Real-Idealismus, Ideal-Realismus) » (GWL, SW I, 281, 146).

Le Moi est ainsi enfermé dans un cercle qu'il peut étendre à l'infini, mais jamais briser. Car s'il reprend en lui, comme le produit de sa propre pensée, la raison réelle qu'il commence par poser hors de lui, il lui faut bien, pour s'expliquer la possibilité de cette pensée elle-même et de la conscience qu'il en a prise, poser à nouveau une chose en soi, laquelle à son tour sera reprise dans la raison idéale, et ainsi de suite à l'infini. C'est parce que la Doctrine de la science a une conscience aiguë de ce cercle et de l'impossibilité pour un esprit fini de le dépasser, qu'elle rejette aussi bien l'idéalisme que le réalisme dogmatiques, le premier se caractérisant par l'ignorance de ce cercle, et le second, par la croyance illusoire que l'on peut s'en « affranchir » (GWL, SW I, 281, 146).

FONDEMENT DU DROIT NATUREL SELON LES PRINCIPES
DE LA DOCTRINE DE LA SCIENCE (1796)

Le droit naturel

Le but de cet ouvrage n'est pas tant de dégager le fondement du droit naturel, comme son titre pourrait le laisser penser, que de démontrer comment, à partir de lui, se déduit le contenu du droit étatique, pourtant situé traditionnellement à l'opposé de ce dernier. Ils ne peuvent toutefois être synthétiquement réunis qu'après avoir été posés comme opposés. Le droit naturel n'est, à proprement parler, qu'une « *fiction* » (GNR, SW III, 112, 127), car le problème du droit ne se pose pas dans l'état de nature, mais seulement pour des hommes vivant en société et manifestant la volonté d'y vivre. Quiconque préférerait s'en aller vivre loin des hommes, s'affranchirait bien plutôt de la contrainte du droit. Aussi, une réflexion sur le droit vise essentiellement à déterminer comment, dans l'hypothèse méthodique d'un égoïsme universel, une communauté d'êtres libres doit être rendue possible. Le droit commence donc à l'intersection, possible ou réelle, de plusieurs libertés, c'est-à-dire là où une liberté est susceptible d'entrer en conflit avec une autre. Mais avant de connaître les conditions juridiques d'une communauté de personnes, il faut déjà connaître les conditions qui définissent une personne. Or, puisque ces dernières, qui indiquent à l'origine ce qui est à respecter pour préserver la personne, constituent le droit originaire, un droit naturel est une fiction qui « doit, en vue de la science, nécessairement être forgée » (GNR, SW III, 112, 127). Droits naturels (ou originaires) et droits dans une communauté sont en somme à la fois différents et identiques, car les seconds sont très exactement ce en quoi se changent les premiers du fait de l'interaction des hommes : « Ce qui, en premier lieu, et pour la recherche seulement spéculative, définit les conditions de la personnalité, ne devient des droits qu'exclusivement dans la mesure où on se représente d'autres êtres qui, selon la loi juridique, ne peuvent porter atteinte à ces conditions » (GNR, SW III, 111, 127). Ces conditions qui ne sont pas encore des droits à part entière, bien que tout le droit en découle, et qui rentrent à ce titre sous la catégorie du droit originaire, sont, d'une part, la liberté de la volonté, et, d'autre part, comme celle-ci est solidaire du corps grâce auquel « elle pénètre dans le monde sensible » (GNR, SW III, 113, 128), la liberté d'agir sur le monde. Les droits originaires se résument en conséquence à un seul : il est « le droit absolu de la personne d'être uniquement cause dans le monde sensible (de n'être jamais un effet) » (GNR, SW III, 113, 128). Être un effet voudrait dire, premièrement, être empêché d'agir et être agi par la volonté d'un autre, bref, subir une contrainte physique. Mais comme la liberté consiste aussi pour une personne à soumettre à ses fins des objets dans le monde, cela voudrait dire, en outre, pâtir de l'annexion d'un objet initialement passé sous sa domination à des fins étrangères aux siennes. Selon son concept, le droit originaire est illimité, car la personne est considérée *abstraitement*, c'est-à-dire abstraction faite d'autres personnes. Qu'il ne doive pas être porté atteinte aux droits originaires de la personne signifie bien que, dans une communauté, il n'y a pas suppression, mais transformation des droits originaires, ou, si l'on préfère, que seule leur illimitation est supprimée. Dans une communauté, en effet, la personne doit rester une personne, c'est-à-dire conserver ses droits originaires ;

cependant, ses droits ne seront pas illimités, mais limités par la possibilité de la liberté des autres personnes avec lesquelles elle coexiste. Tel est le sens de la loi juridique, qui ordonne à chacun d'auto-limiter la sphère de sa liberté par le concept de la possibilité de celle des autres. Dès lors, si l'on pouvait pousser la déduction et montrer que le seul état de droit, c'est-à-dire l'état où le respect de la loi juridique serait garanti, est l'État, on aurait la synthèse ultime du droit naturel et du droit positif, « car l'État lui-même [deviendrait] l'état de nature de l'homme, et ses lois ne [seraient] rien d'autre que le droit naturel réalisé » (GNR, SW III, 149, 163). Cette déduction passe avant tout pour Fichte par celle du droit de contrainte.

Le droit de contrainte

Dans la déduction génétique de l'État comme état de droit, le droit de contrainte que possède un individu est un droit intermédiaire entre le droit originaire proprement dit qui considère l'individu abstraitement, c'est-à-dire isolément, et le droit positif qui considère l'individu dans l'État. Tributaire de l'institution préalable de la loi juridique, le droit de contrainte apparaît quand un individu juge qu'un autre l'a transgressée, et que l'engagement réciproque passé avec lui de s'abstenir de toute violence ne tient plus. Le droit de contrainte intervient donc à la suite d'un contrat dans lequel chacun manifeste à l'autre sa volonté de coexister avec lui. Cette volonté n'est pas encore manifeste dans la simple relation juridique qui conditionne la possibilité de la conscience de soi de chaque individu. Car c'est malgré soi que l'individu, pour se poser, est amené, du fait de la limitation inhérente au concept d'individu, à en poser d'autres en même temps que lui, et, du coup, à « tracer par [son] imagination une sphère pour la liberté que plusieurs êtres se partagent », ce qui revient à s'attribuer, conformément à la définition de la relation juridique, une quantité limitée de liberté afin de laisser « aussi subsister de la liberté pour d'autres » (GNR, SW III, 8, 24). La loi juridique est là pour instaurer le maintien de la relation juridique, ce qui suppose une décision volontaire, tandis que l'action d'advenir à soi-même dans la relation juridique ne la suppose pas. Comme la volonté proclamée par chaque contractant de ne pas enfreindre la règle juridique, n'est en rien pour l'autre un gage suffisant qu'elle ne le sera pas effectivement, chacun reste juge de la conduite de l'autre et de savoir si celui-ci empiète ou non sur ses droits. « Pas de droit de contrainte sans un droit de juger » (GNR, SW III, 95, 110), dit bien Fichte. Mais au lieu de le fonder, celui-ci ne condamne-t-il pas celui-là à l'inapplicabilité ? Car il ne suffit pas de pouvoir juger des cas où le droit de contrainte entre en application, il faut encore pouvoir juger des limites de son application. Or, d'un côté, ce serait faire un usage abusif de ce droit que de continuer de l'appliquer contre une personne ayant recouvré la volonté de respecter le contrat après l'avoir rompu. Cette personne deviendrait justifiée à son tour à se servir de son droit de contrainte contre celui qui continuerait à tort de l'exercer contre elle. Mais, d'un autre côté, comme il n'y a pas de signe extérieur de la sincérité et de la bonne volonté de l'autre, il suffit que celui-ci ait manqué une seule fois à ses engagements, pour que la méfiance à son endroit soit justifiée pour toujours et que l'exercice du droit de contrainte ne soit jamais levé à son encontre. On tombe alors dans « une insoluble controverse juridique » (GNR, SW III, 98, 114), qui a toutes les apparences d'un cercle. Il n'y a que « l'expérience à venir dans sa totalité » (GNR, SW III, 98, 114) pour m'apprendre si, par le fait qu'il se sera ou non toujours conformé à la règle juridique, l'autre avait bien, dans le cas mentionné, réformé sa volonté comme il faut « dans le fond de son cœur » (GNR, SW III, 98, 113). Pour relâcher l'exercice de mon droit de contrainte à son égard, il m'aurait donc fallu disposer de cette expérience. Mais pour disposer de cette expérience, il m'aurait fallu relâcher l'exercice de mon droit de contrainte. Il en va de même exactement pour l'autre à mon égard. Si mon droit de contrainte est ou a été exercé abusivement contre lui, il n'y a pas de raison pour qu'il ne maintienne pas, en réaction, le sien à mon égard, sauf à connaître la totalité de l'expérience à venir, qui seule aurait pu montrer que mon intention n'était pas d'en recommencer ou d'en poursuivre indéfiniment l'exercice contre lui. Mais pour bénéficier de cette expérience, il lui aurait fallu me restituer ma liberté, donc abandonner l'exercice de son droit de contrainte à mon égard. Par suite, si, au lieu d'y mettre un terme, l'application du droit de contrainte prolonge indéfiniment le conflit entre les deux individus, qui ne cessera qu'avec la mort de l'un d'eux, le contrat qu'ils ont passé en amont risque à tout moment de déboucher sur la guerre qu'il était pourtant censé éviter.

Si donc une science du droit n'est pas vaine, il faut que puisse être montré comment briser le cercle dans lequel nous enferme la nature du rapport entre la totalité de l'expérience à venir et la « restitution réciproque de la liberté » (GNR, SW III, 100, 115). On y parvient grâce à la méthode synthétique, c'est-à-dire par la réunion des termes en apparence inconciliables, dès lors que chacun d'eux a été préalablement reconnu comme nécessaire.

Ainsi, puisque chacun des deux termes en présence, la restitution réciproque de la liberté et la totalité de l'expérience à venir, est nécessairement antérieur à l'autre, c'est que, d'après la méthode synthétique, ils « *doivent être une seule et même chose*, autrement dit, plus clairement : dans la restitution réciproque, il faut que la totalité de l'expérience à venir, à laquelle on prétend, soit déjà présente, et il faut que par elle elle soit garantie » (GNR, SW III, 100, 115). Or, le seul moyen pour que la restitution réciproque de la liberté coïncide avec la garantie pour l'avenir qu'aucun contractant ne pourra porter atteinte à l'autre, est que chacun remette à un tiers à la fois son droit de juger des limites de sa liberté et de celles de l'autre, en un mot des cas où s'applique le droit de contrainte, et son droit de contrainte lui-même avec sa puissance physique. La totalité de ses droits originaires doit donc pour chaque individu être transférée à ce tiers, à qui revient le rôle d'arbitre en cas de conflit entre les deux parties, et dont le jugement doit par avance être accepté par celles-ci.

Mais, d'un cercle, nous voilà jetés dans une contradiction, ou, pour être plus précis, dans une antinomie dont la thèse et l'antithèse sont les suivantes. La thèse, qui correspond à « la loi juridique elle-même » (GNR, SW III, 102, 117), pose que la liberté est inaliénable, que chacun est en conséquence nécessairement juge et défenseur des droits qui sont naturellement ou originairement attachés à sa personne, et que c'est justement pour préserver la liberté de tous que chacun doit volontairement limiter la sienne. L'antithèse est une conséquence de la thèse qui la met par suite en contradiction avec elle-même : la liberté doit être aliénée à un tiers, c'est-à-dire chacun doit lui céder la totalité de ses droits, en vertu de quoi il se retrouve absolument soumis au jugement et à l'autorité de ce tiers. Comment peut-on abandonner ses droits et rester libre en même temps ?

Cela se produit si l'abandon de ses droits s'effectue *librement*, et que l'on peut juger, avant de sceller le contrat, si celui à qui on veut les transférer aura bien constamment vis-à-vis de moi la même volonté que je devrais toujours avoir vis-à-vis des autres. Par où la libre aliénation de sa liberté serait le moyen même de la conserver.

Mais où puis-je prendre la certitude, indispensable ici, « que tous les jugements de droit possibles à l'avenir et pouvant être prononcés en ce qui me concerne ne sauraient avoir d'autre tournure que si je devais les prononcer moi-même d'après la loi juridique » (GNR, SW III, 103, 118) ? La réponse à cette question se fait en deux étapes et achève la *Troisième section* de la *Première partie* de l'ouvrage. C'est ici que le concept de droit, mû par la nécessité de surmonter les contradictions qui le rendent inapplicable, cesse de se poser comme droit naturel pour atteindre sa vraie possibilité d'application ou existence véritable comme droit dans une communauté, cela à la faveur de l'avènement de *la loi* – de la loi positive, s'entend.

La loi positive

La loi étant ce qui fixe la manière dont les jugements de droit seront rendus à mon égard comme à celui des autres, je dois pouvoir la connaître avant de m'y soumettre comme à ce qui, fondamentalement, doit garantir ma liberté et ma sécurité pour la totalité de l'expérience à venir. Ce pourquoi Fichte écrit : « Il faut donc que des *normes* de ces jugements de droit futurs soient proposées à mon examen, dans lesquelles la loi juridique serait appliquée aux cas possibles qui peuvent survenir. De telles normes se nomment *lois positives* ; le système de celles-ci en général se nomme *la loi* (positive) » (GNR, SW III, 103, 118). La liberté est soumission à la loi pour deux raisons. La première, c'est qu'elle est invariable et que, par là même, elle se situe au-dessus de l'inconstance et des caprices de la volonté des hommes, sujets au débordement et au désordre des passions, si bien qu'en se soumettant à la loi, on n'est soumis à personne en particulier ; on obéit à sa propre volonté, puisque l'on n'aliène son droit de juger que pour permettre l'instauration du critère que l'on veut voir appliqué, en fonction duquel on est susceptible d'être jugé soi-même en cas de litige avec autrui. De cette manière, « mon droit de juger, je l'ai en une fois exercé effectivement pour toute ma vie et pour tous les cas possibles » (GNR, SW III, 104, 119). La seconde raison tient à la conditionnalité des droits portés par l'individu dans un contrat. Car si je ne possède des droits qu'à la condition expresse de me soumettre à la loi juridique dont les lois positives sont autant d'expressions particulières, et si la modalité sous laquelle s'effectue ma soumission à la loi est l'abandon de mes droits, cet abandon a pour effet immédiat de me les restituer. L'institution de la loi résout donc en partie le problème de circularité sur lequel nous achoppions. — Elle le résout en partie seulement, car si elle a *théoriquement* la possibilité de mettre un terme aux conflits interindividuels qui débutent, la loi est et reste en elle-même seulement « un concept » (GNR, SW III, 104, 119), et un concept ne suffit pas *pratiquement* à briser la violence. En clair, « *la loi doit être une puissance* » (GNR, SW III, 105, 120). La puissance ne peut venir que de la réunion de toutes les personnes contractant entre elles sur un même territoire, c'est-à-dire de leur volonté commune de ne former qu'une seule volonté, ce qui n'est possible que si toutes les volontés particulières se rejoignent sur un objet, ou mieux, sur un but commun. Or, ce but commun existe, puisqu'il est de vivre ensemble en sécurité. Comme vouloir atteindre ce but suppose de vouloir aussi le moyen de l'atteindre, il est bien clair que toutes les volontés des personnes sont unies dans la même décision de fondre en une seule force toutes leurs forces, de manière à obtenir une puissance qui sera toujours supérieure à la puissance isolée des individus qui s'attaqueront aux membres de cette alliance. Ainsi, « la *forme* de la loi, sa force d'obligation, elle l'obtient seulement [...] par l'intermédiaire du consentement des individus à se réunir en vue de former une communauté avec cette foule déterminée » (GNR, SW III, 107, 122). La communauté a donc son fondement dans la volonté générale, c'est-à-dire dans la rencontre en un même point de toutes les volontés particulières, ici : la loi et le droit. Fichte reprend ainsi, pour penser le concept de communauté, la distinction que Rousseau établit au chapitre 3 du livre II du *Contrat social* entre la volonté générale et la volonté de tous. Autre chose est l'addition ou la somme des volontés particulières, regroupées mais non unies, autre chose est ce qui les identifie et les relie. La somme des volontés particulières donne la volonté de tous ou la *foule* ; ce qui les identifie donne la volonté générale ou volonté de la *communauté*. Avoir une volonté qui s'écarte de la volonté de la communauté unie dans le même dessein de vivre ensemble sous une même loi protectrice, c'est avoir une volonté individuelle, « et, précisément pour cette raison, une volonté injuste » (GNR, SW III, 108, 123), puisque contraire au droit. Tout de même que chez Rousseau, la communauté n'est pas seulement un « *moi* commun » (Rousseau, *Du contrat social*, Chapitre VI), c'est véritablement une « personne publique » (*Du contrat social*, Chapitre VI) qui, en plus d'une volonté, possède un corps, puisque, en abandonnant sa puissance à la communauté, « *nous recevons en corps*, comme dit Rousseau en des termes qui seront là encore repris par Fichte, *chaque membre comme partie indivisible du tout* » (*Du contrat social*, Chapitre VI). Si l'un des membres du corps social est attaqué, c'est tout le corps qui l'est, et la réponse à l'agression sera aussi celle de tout le corps, qui forme la puissance même de la loi.

Puisque la constitution d'une communauté d'êtres libres apparaît enfin comme possible, le cercle et la contradiction précédents sont complètement – et non plus seulement partiellement – surmontés. La contradiction est dénouée grâce à la nature *associative* du contrat que les individus doivent passer entre eux pour réaliser pleinement leur désir de vivre ensemble. L'association évite en effet toute servitude contractuelle : elle permet à chacun de recouvrer les droits qu'il a abandonnés, car il participe de la communauté même à laquelle il les a transférés. « Par son concept cette association résout toutes les contradictions, et [...] par sa réalisation c'est le règne du droit qui est réalisé » (GNR, SW III, 110, 124-125).

Une dernière tâche importante de la science du droit reste cependant à accomplir. Elle concerne le volet du droit politique qui touche à la détermination de la constitution de l'État, c'est-à-dire à la nécessité pour la loi de fixer tout à la fois par qui et comment le pouvoir exécutif doit être administré. Tant que la constitution n'est pas établie, l'État reste indéterminé. Or, les hommes ne peuvent vivre ensemble que dans un État déterminé. Reste donc une dernière condition à poser pour que les hommes aient l'assurance de vivre dans un État libre.

L'État libre

La thèse politique fondamentale de Fichte est que l'État doit être libre. Or, qu'est-ce qu'un État libre ? La réponse de Fichte est construite autour de deux paradoxes.

Premier paradoxe. La détermination de l'État par la loi constitutionnelle passe par la reconnaissance préalable que « le peuple est en fait et en droit le pouvoir suprême qu'aucun ne dépasse » (GNR, SW III, 182, 195). Pourtant, une saine constitution ne peut, aux yeux de Fichte, abandonner au peuple la charge d'administrer lui-même le pouvoir exécutif, et se doit de rejeter la démocratie « dans la signification la plus propre du terme » (GNR, SW III, 158, 172).

Deuxième paradoxe. L'État libre passe, non par la séparation, mais par la non séparation des pouvoirs.

Comment expliquer ces paradoxes ?

Concernant le premier, on doit considérer que veiller à la bonne application du droit est une tâche de la plus haute importance, partant une tâche responsable, c'est-à-dire dont on doit pouvoir répondre si l'on s'en acquitte mal. Or, une telle tâche revient au pouvoir exécutif. Si donc le peuple en devenait directement par lui-même l'administrateur, il y aurait dans la constitution de l'État une contradiction flagrante : l'administrateur du droit, en charge de veiller à ce que nul ne s'affranchisse de ses règles et de punir quiconque le ferait comme coupable d'une injustice, serait lui-même affranchi d'une règle élémentaire du droit, celle de ne pas être en même temps juge et partie quand il est question de répondre de ses actes. Dès lors, « sur la question de savoir comment la justice en général est administrée, il faut que juge et partie soient séparés, et la communauté ne peut être les deux en même temps » (GNR, SW III, 159, 172). Comme la communauté doit pouvoir juger « si le pouvoir de l'État est correctement appliqué » (GNR, SW III, 159, 173), elle ne peut en outre être partie, sous peine de rester maître de casser quand bon lui semble le verdict du juge, ce qui revient, *de facto*, à n'être soumis à aucun juge. Ainsi, la communauté « ne peut donc pas – c'est l'importante conclusion que nous en tirons – garder en main la puissance publique, parce que, sinon, comme partie, il lui faudrait se faire comparaître devant un tribunal plus élevé » (GNR, SW III, 159, 173). Si la constitution démocratique se trouve rejetée, c'est en somme pour une raison de droit, et non pour une raison de fait. Ce n'est pas qu'il faille par principe se méfier du peuple, bien que l'on puisse toujours redouter « la colère aveugle d'une masse excitée qui agirait de façon injuste au nom de la loi » (GNR, SW III, 158, 172) ; c'est plutôt que, par principe, l'administrateur de la loi doit pouvoir rendre des comptes et par voie de conséquence être jugé, ce qui ne serait plus possible si c'était au peuple qu'il était demandé des comptes. Fichte établit par là la nécessité d'une représentation du peuple, et accepte la démocratie représentative comme l'un des régimes possibles conformes au droit. Il doit donc être porté à la constitution de l'État que « la communauté aliène l'administration de la puissance publique, la transfère à une seule ou à plusieurs personnes particulières »

(GNR, SW, III, 160, 174) : dans le premier cas, c'est une monarchie, dans le second, une république (GNR, SW III, 162, 175).

Le second paradoxe est lui aussi bien explicable. On ferait fausse route en imaginant que Fichte a un goût prononcé pour la concentration des pouvoirs. Les arguments de Fichte tendent seulement à montrer que les pouvoirs publics, législatif, judiciaire et exécutif, ne sont séparés « qu'en apparence » (GNR, SW III, 161, 175), et que ceux qui veulent les distinguer en théorie comme en pratique, vont seulement à l'encontre de la nature même de ces pouvoirs. De là vient qu'en essayant de les contenir les uns par les autres en les divisant, on obtient, chose remarquable, l'effet proprement contraire à celui qui est recherché. Ceci est particulièrement clair pour les pouvoirs judiciaire et exécutif. Deux cas se présentent en effet. Soit le pouvoir exécutif est seulement chargé d'appliquer la décision du juge, et alors il n'y a pas deux pouvoirs mais un seul, le pouvoir judiciaire, puisqu'il commande à l'exécutif qui « dispose en fait seulement d'une force physique guidée par une volonté étrangère » (GNR, SW III, 161, 175) ; soit le pouvoir exécutif peut annuler la sentence du juge, et alors c'est lui, en dernière instance, qui estime à la place du juge s'il y a lieu d'appliquer sa sentence, par où le pouvoir exécutif devient le pouvoir judiciaire lui-même, et derechef, il n'y a plus qu'un seul pouvoir au lieu de deux. De même, la séparation des pouvoirs exécutif et législatif est artificielle. Sans doute, l'État repose sur la volonté générale des citoyens, puisqu'il suppose l'obtention d'un accord unanime sur la loi : nul n'a pu devenir membre d'un État libre sans donner son consentement à la constitution de ce dernier. La communauté a donc légiféré une première fois en fixant les conditions de sa propre existence, qui ressortissent aux clauses du contrat que chacun a passé avec tous. Rien n'autorise donc que le pouvoir exécutif revienne par après sur la loi. Mais, en même temps, l'administrateur de la loi doit être autorisé par elle à la préciser sous forme de « décrets » (GNR, SW III, 161, 174), donc à se solidariser avec le pouvoir législatif, pour adapter les règles du droit aux changements et aux nouveaux besoins qui se font jour dans l'État, sous peine de n'être pas en phase avec son évolution historique. En effet, mieux que le peuple lui-même, qui se résout dans une multiplicité de fonctions et d'occupations particulières, l'administrateur de la loi ou du pouvoir public en général a « constamment sous les yeux la totalité et tous ses besoins » (GNR, SW III, 16, 31), ce qui le rend apte à juger des moyens législatifs les mieux appropriés à celle-ci, c'est-à-dire à « donne[r] la matière de la loi, qu'il reçoit lui-même de la raison et de la situation de l'État » (GNR, SW III, 16, 31). Or, puisque la loi doit être l'expression de la volonté générale, déterminer davantage la loi suppose d'avoir la prérogative de se faire l'interprète de la volonté générale (GNR, SW III, 15, 30). Pouvoirs exécutif et législatif n'ont donc pas de séparation réelle, ni ne peuvent en avoir.

Mais si le pouvoir public concentre effectivement les pouvoirs judiciaire, législatif et exécutif, comment éviter que le corps représentatif aux mains duquel il est remis gouverne le peuple de manière tyrannique ? Tel est bien « l'ultime » (GNR, SW III, 168, 182) problème à résoudre pour obtenir une constitution politique qui fasse en sorte que la volonté du gouvernement ne puisse jamais s'écarter de la volonté générale : « Sous quelle loi de contrainte ce suprême pouvoir d'État doit-il maintenant lui-même être placé, afin qu'il lui soit impossible de faire quoi que ce soit d'autre que le droit » (GNR, SW III, 166, 180)? On reconnaît bien là le problème auquel Kant a donné sa formulation classique dans la *Sixième proposition* de l'*Idée d'une histoire universelle au point de vue cosmopolitique* : l'homme est un « animal [...] qui a besoin d'un maître » pour le forcer à respecter la loi quand il vit en communauté, car si « en tant que créature raisonnable il souhaite une loi qui pose les limites de la liberté de tous, son inclination animale égoïste l'entraîne cependant à faire exception pour lui-même quand il le peut » (Bordas, trad. J.-M. Muglioni, p. 17); mais le maître dont il a besoin sera nécessairement un homme, donc il aura besoin à son tour d'un maître, qui lui-même aura besoin d'un maître, et ainsi de suite à l'infini, sans possibilité apparente de sortir de ce cercle. Kant croit impossible la « solution parfaite » (Bordas, p. 17) de ce problème, car il n'y aura jamais un chef absolument juste en qui nul égoïsme ne subsisterait. Pour Fichte, la solution n'est pas, comme chez Kant, renvoyée à l'infini comme « Idée » (Bordas, p. 17). Si Kant achoppe sur le problème, c'est, au point de vue de Fichte, parce qu'il ne maintient pas séparés les domaines du droit et de la morale. Méthodologiquement, il n'est pas permis de recourir à la morale pour résoudre un problème du droit. Si la science du droit pose l'homme, ne serait-ce que par hypothèse, comme égoïste, elle doit continuer de le supposer tel dans la résolution de tous ses problèmes. Le principe de la solution de Fichte est la mise en place d'une *vraie* séparation des pouvoirs destinée à se substituer à la fausse séparation qu'on voudrait mettre habituellement entre les différentes branches de la puissance publique. En clair, la séparation ne doit pas passer à l'intérieur de celle-ci, mais *entre* celle-ci *et* une autre puissance. Comme la puissance publique détient dans l'État tous les moyens d'agir et est, de ce fait, « absolument positive » (GNR, SW III, 172, 186), l'autre puissance devra être, sous peine de se confondre avec la première, « absolument négative ». Elle ne peut annuler aucune action ou décision du pouvoir exécutif, mais elle doit pouvoir le contrôler et le « suspendre » par un « interdit d'État » (GNR, SW III, 172, 185), si elle estime qu'il y a eu défaillance dans l'administration du droit. Ce pouvoir suspensif ou « prohibitif », « nous pouvons donc le nommer *Éphorat* » (GNR, SW III, 171, 185). C'est donc par l'intermédiaire de l'Éphorat que le pouvoir exécutif est responsable devant la communauté : les éphores portent plainte contre un ou plusieurs magistrats et rassemblent la communauté pour qu'un jugement soit rendu par le peuple. Rien ni personne ne pourra faire obstacle à ce jugement. Ainsi, « c'est de l'absolue liberté et de la sécurité personnelle des éphores que dépend la sécurité du tout. Ils sont par leur position destinés à faire équilibre au pouvoir exécutif, lequel est nanti de la puissance suprême » (GNR, SW III, 177, 190). On voit par là que Fichte, dans sa doctrine de l'État comme partout ailleurs, reste un penseur de la liberté. Sans doute, on ne peut ignorer le reproche adressé par Hegel à Fichte, notamment dans *La différence entre les systèmes philosophiques de Fichte et de Schelling*, d'avoir voulu un État policier, d'autant que Fichte écrit lui-même que si l'État est bien organisé, « la police sait suffisamment où se trouve chaque citoyen à chaque heure du jour et ce qu'il fait » (GNR, SW 302, 310). Fichte n'a cependant jamais voulu d'espions ni de police secrète (GNR, SW III, 302, 310), et l'on peut se demander s'il n'a pas répondu par avance à l'accusation de Hegel à la fin de sa *Troisième section de la Doctrine du droit politique* : « Comment ce qui est irréprochable pourrait-il craindre et haïr le regard qui surveille ? » (GNR, SW III, 303, 311).

LE SYSTÈME DE L'ÉTHIQUE SELON LES PRINCIPES DE LA DOCTRINE DE LA SCIENCE (1798)

L'intention du *Système de l'Éthique* est double. Elle est premièrement d'établir une science de la moralité. Comme la démarche de la science est de remonter des faits de conscience à ce qui les fonde, c'est-à-dire de passer du point de vue de la conscience commune au point de vue transcendantal, il faut déduire génétiquement notre nature morale, donc laisser s'engendrer sous nos yeux à partir des principes de la Doctrine de la science la conscience de notre devoir, qui apparaît comme un fait à la conscience commune. – Elle est deuxièmement d'aller plus loin qu'une *métaphysique des mœurs*, qui reste aux yeux de Fichte uniquement formelle (SS, SW IV, 131, 126). Une Éthique se veut concrète, c'est-à-dire doit traiter de la loi morale, non pas simplement en elle-même et pour elle-même, en l'isolant de sa mise en œuvre et de l'effort pour l'appliquer, mais en la faisant descendre dans les conditions du monde sensible où doivent prendre place les actions réelles qu'elle commande. Elle comportera donc une démonstration de son applicabilité, soit de la réalité objective de son concept, en même temps qu'une déduction, relative à son application, de ses conditions formelles et matérielles.

Déduction de la loi morale

Si un même impératif moral commande à tous les hommes de la même manière, il doit découler de la constitution essentielle du Moi qui est commun à tous les hommes. Pour en montrer la genèse, qui s'effectue par elle-même hors du temps, le philosophe est contraint de la décomposer dans le temps. Car le Moi, en son principe ou en sa vie originaire, échappe à la pensée. Il n'est ni sujet ni objet, mais inséparablement les deux, tandis que la pensée, qui suppose un sujet qui pense opposé à un objet pensé, repose sur la séparation du subjectif et de l'objectif. La vie du moi originaire est pour la pensée une Idée qu'elle ne peut que chercher à rejoindre à l'infini, en commençant par séparer ce qui en lui est initialement lié, puis en rétablissant le lien entre les parties ainsi obtenues, au moyen du concept de causalité réciproque. Ainsi, pour savoir ce qu'est le Moi, il semble d'abord qu'il faut se rapporter à son aspect purement objectif, puisque l'acte, subjectif par essence, de saisir ce qu'il est, ne doit pas le changer, mais le voir au contraire exactement comme il serait indépendamment de l'acte même qui l'appréhende. Or, le Moi est objectivement comme il se « trouve » (SS, SW IV, 18, 24), comme il s'apparaît. Initialement, la pensée ne tombe pas pour lui du côté de l'objectif mais du subjectif, car elle est ce *à quoi* et non ce *comme quoi* il apparaît. Le Moi étant actif, c'est une manifestation de son auto-activité qui doit lui apparaître. Or, il n'y a qu'une seule activité, qu'un seul agir en dehors de la pensée, c'est l'action de vouloir. Le Moi est donc objectivement voulant. Il est même quelque chose de plus originaire encore. Car la volonté, comme auto-détermination réelle, est toujours la volonté de quelque chose et n'est pas séparable du monde extérieur qui la stimule à agir et qui conditionne son effort. Pour saisir le Moi en son être objectif le plus originaire, il faut donc savoir ce qu'il est indépendamment du monde extérieur, donc en faisant abstraction de celui-ci. C'est, toutes proportions gardées, comme un ressort dont l'effort pour repousser ce qui agit sur lui est conditionné par cette pression extérieure. Ôtée cette pression, il ne reste plus dans le ressort qu'une tendance à l'effort, qui n'est pas l'effort même, mais la disposition à se porter à l'effort. C'est la même chose pour le Moi : abstraction faite du monde sur lequel il exerce sa volonté, reste, au lieu du vouloir réel, une tendance « à se déterminer à un vouloir réel » (SS, SW IV, 27, 33), bref, une « tendance absolue à l'absolu », soit encore une « tendance à se déterminer absolument soi-même sans aucune impulsion extérieure » (SS, SW IV, 28, 33).

Mais définir ce qu'est le Moi en partant de son côté objectif oblige aussitôt à passer de son côté subjectif. Car à la différence de la chose qui *est* sans plus, le Moi est avec la conscience d'être, c'est-à-dire comme intelligence. Agilité interne à la faveur de laquelle il s'intuitionne lui-même, l'intelligence est aussi bien une activité formatrice de concepts. Or, soit le concept est concept d'un être déjà existant, et il est une copie relevant de la connaissance théorique, soit il est concept d'un être à réaliser, et il est un concept de fin relevant de l'activité pratique. Le Moi intelligent, soit envisagé subjectivement, n'est donc pas porteur d'une nature le prédéterminant à être comme il est, telle la chose, mais la faculté de se déterminer à être comme il veut d'abord être, donc de se donner à lui-même sa nature, au moyen du concept préalablement établi de son être. C'est en quoi il est libre. Pourtant, puisqu'il *est*, objectivement, une tendance, n'est-il pas déterminé par elle, c'est-à-dire empêché de s'autodéterminer ? En fait, nullement, car à l'inverse l'intelligence se subordonne la tendance. En effet, comme être et savoir, objectif et subjectif sont identiques dans le Moi, non seulement la tendance s'accompagne d'une conscience, mais l'intelligence s'identifie à son activité. Le propre de l'intelligence étant de se déterminer par concept, la tendance, qui est une avec l'agir intellectuel du Moi, passe d'elle-même sous la domination du concept : « L'intuitionnant (intelligent) [...] pose la tendance à l'activité absolue décrite ci-dessus, par suite du postulat, comme *soi-même*, entendez comme identique à *soi*, *l'être intelligent*. Cette absoluité de l'agir réel devient donc par là l'essence d'une *intelligence* et se place sous la *domination du concept* et c'est seulement par là qu'elle devient proprement *liberté* : absoluité de l'absoluité, faculté absolue de se faire soi-même absolue » (SS, SW IV, 32, 36). Cette première synthèse de l'objectif et du subjectif, qui s'effectue elle-même au point de vue subjectif, aboutit ainsi au Moi comme faculté ou pouvoir libre, c'est-à-dire reposant sur soi, de ne se déterminer que d'après soi-même.

Cette première synthèse, qui montre l'objectif initial (la tendance) déterminé par le subjectif initial (l'intelligence), est la première étape d'une synthèse multiple. Car pour penser la manière dont la tendance s'exerce sur le Moi tout entier, il faut penser une nouvelle relation – relation réciproque – entre le subjectif et l'objectif. Commençons par la manière dont l'objectif détermine le subjectif issu de la synthèse précédente, soit la manière dont la tendance détermine la libre intelligence comme faculté. « Une détermination de l'intelligence est une pensée » (SS, SW IV, 45, 48), ici une pensée absolument première, car elle ne dérive ni d'une autre pensée, ni d'un être existant dont elle serait la reproduction idéale. Quant à sa forme, cette pensée est une loi, car « l'essence de l'objectivité est une subsistance absolue, immuable. Appliqué au subjectif, cela donne une pensée constante, immuable, ou, en d'autres termes, une pensée nécessaire selon une loi » (SS, SW IV, 48, 51). Quant à son contenu, il doit être ce à quoi incite la tendance, en sorte que la première pensée de l'intelligence est qu'elle « doit se donner à elle-même la loi inviolable de la spontanéité absolue » (SS, SW IV, 48, 51). Telle est la loi morale. Elle synthétise l'objectif et le subjectif du côté, cette fois, de l'objectif, car elle fait face, si l'on peut dire, à la liberté, dans la mesure où elle s'adresse à celle-ci.

La troisième synthèse doit montrer comment le subjectif entendu comme libre intelligence détermine l'objectif issu de la précédente synthèse, c'est-à-dire comment il conditionne à son tour la loi, ou, mieux précisément, la pensée de la loi. « La pensée indiquée n'est possible qu'à la condition que le moi se pense comme libre » (SS, SW IV, 48, 51). C'est par la réflexion sur la tendance que le Moi se pose comme libre, c'est-à-dire comme Moi, donc c'est grâce à cette réflexion, sans laquelle il n'y aurait pas de Moi, que la tendance peut s'exercer sur lui et produire la pensée de la loi morale. Ainsi se trouvent conciliées la liberté et la détermination de l'intelligence : sa détermination ne supprime pas sa liberté, mais ne fait qu'indiquer « la *manière nécessaire* de penser notre liberté » (SS, SW IV, 49, 51).

Il ne suffit pas, toutefois, d'arriver à concevoir comment l'intelligence en tant que pur pouvoir de se déterminer à penser, peut elle-même être déterminée à penser quelque chose. Il faut encore arriver à concevoir, au niveau de l'action qu'elle prépare, comment la liberté elle-même, en tant que pouvoir de s'autodéterminer par le simple concept, peut être elle-même déterminée par une loi. Cette dernière synthèse de la liberté et de la loi s'opère au moyen du concept d'autonomie. Il faut toutefois être précis, car le concept d'autonomie est large et s'applique à la fois à la liberté formelle, à la raison, et à la liberté matérielle. La liberté formelle est bien une faculté d'autonomie, un simple pouvoir de se faire absolu (de ne dépendre de rien d'autre que de soi-même). La raison est autonome au sens où elle se donne à elle-même la loi morale ; où celle-ci n'émane que de l'intuition qu'a le Moi de sa propre activité spontanée. La liberté matérielle, enfin, est la liberté d'autonomie qui, par opposition à la simple faculté d'autonomie, est l'action effective de s'autodéterminer d'après le concept de la loi. C'est dans ce dernier sens que le concept d'autonomie achève de synthétiser la loi et la liberté. Si la loi conditionne la liberté qui se règle d'après elle, ce n'est que pour autant que la liberté à son tour la détermine à être sa loi en acceptant d'abord de s'y soumettre : « la loi ne devient *en général* pour elle une loi que par le fait qu'elle réfléchit sur elle et se soumet à elle librement, c'est-à-dire qu'elle en fait spontanément la maxime inviolable de tout son vouloir » (SS, SW IV, 56, 58).

Applicabilité du principe de la moralité

Le principe de la moralité une fois déduit, il faut encore prouver la réalité ou l'applicabilité de son concept, c'est-à-dire « examiner comment et de quelle manière il détermine des objets » (SS, SW IV, 63, 65), soit commencer par montrer qu'il peut s'appliquer au monde. La méthode suivie à cet effet consiste à poursuivre la déduction *a priori* de la conscience de soi, c'est-à-dire à la reprendre depuis la première détermination abstraite mise au jour qui reliait les aspects objectif et subjectif du Moi, et à vérifier que la chaîne des conditions de cette première détermination elle-même aboutit bien à poser le monde. Car si le monde doit être posé pour que la conscience le soit, ce sera la preuve que le principe de la moralité, sans lequel la conscience ne peut pas non plus être posée, se rapporte nécessairement à celui-ci et qu'elle le détermine « d'un certain point de vue » (SS, SW IV, 63, 65).

La première synthèse du subjectif et de l'objectif dans lesquels le philosophe résolvait d'abord le Moi était la liberté comme faculté d'autodétermination. Il faut donc se demander quelles sont les conditions de la liberté ainsi posée. Il y en a deux qui se présentent d'emblée, une condition interne et une condition externe. Commençons par la condition externe. La seule faculté de la liberté, prise en elle-même, est un concept vide, une simple abstraction philosophique. Car « tu ne peux pas te *trouver* libre, sans trouver simultanément, dans la même conscience, un objet auquel doive s'appliquer ta liberté » (SS, SW IV, 78, 79). Je n'ai l'idée d'une faculté que par l'emploi que je peux en faire, et la faculté de liberté s'emploie à choisir entre plusieurs actions possibles. Ces actions supposent à leur tour un objet sur lequel s'exercer, donc un support permanent susceptible d'être modifié par elles : le monde matériel. À cette condition externe se lie nécessairement une condition interne. Car si l'on peut, de manière tout idéale, se représenter l'usage de sa faculté de liberté, c'est parce qu'il y a, dans le Moi, outre le simple concept de son usage, un « usage réel de cette faculté » (SS, SW IV, 84, 83) : cet usage réel se nomme vouloir. Vouloir est une activité spontanée ; il est dans le choix qui s'effectue autant que dans l'action qui s'initie. Mais une difficulté surgit. La conscience de soi commence avec la perception d'un vouloir réel. Mais un vouloir réel intervient après l'élaboration d'un concept de fin, sans lequel il ne peut avoir lieu. Concept de fin et vouloir réel font ainsi chacun valoir la nécessité de leur priorité sur l'autre. En vertu de la méthode synthétique, la seule manière de résoudre la difficulté est de considérer qu'ils doivent avoir lieu en même temps. Quel est donc le principe de leur synthèse ? Il réside dans la conscience initiale de la tendance comme telle ou *aspiration*, qui est la traduction immédiate de l'objectif dans le subjectif en raison de l'identité de l'objectif et du subjectif dans la Moïté. Grâce à l'aspiration, le Moi dispose d'une connaissance qui n'a pas besoin de précéder son activité, et d'une activité qui n'a pas besoin de précéder sa connaissance, car elles s'identifient. Il faut cependant plus que l'aspiration pour que le Moi prenne conscience de lui-même et de sa liberté, car cela nécessite une « première action » (SS, SW IV, 107, 104), et la tendance n'est pas encore une « action ». C'est à la libre intelligence, et non à la tendance, que doit être imputée l'action, car même lorsqu'elle est suivie par le Moi, la tendance ne le contraint pas. Le Moi autrement ne serait plus un Moi, mais un être déterminé par sa nature, une chose. Or, si l'action ne va pas sans une connaissance sur laquelle elle se règle, et si la tendance originaire est la première connaissance dont le Moi dispose, la tendance elle-même doit servir de concept de fin à la première action : « ma première action ne peut être autre qu'une satisfaction de la tendance et [...] le concept de fin, pour cette action, est donné par cette dernière » (SS, SW IV, 108, 105). Dès lors, le problème se précise. Comment notre première action peut-elle être libre, si elle ne peut faire autrement que de satisfaire la tendance originaire ? La liberté suppose le choix, c'est-à-dire le passage d'un état d'indétermination à un état déterminé par un acte d'autodétermination. Puisque la première action devrait ainsi avoir le choix entre plusieurs tendances à suivre, comment expliquer qu'elle ne puisse s'écarter de la tendance originaire ? Cela tient à ce que la tendance originaire se dédouble, ou, mieux, se divise en deux tendances, une tendance naturelle et une tendance pure, entre lesquelles le Moi peut se déterminer. Comment s'opère cette division ? Moi qui agis et qui pense, et moi qui sens la tendance originaire, je suis le même, mais, du point de vue de la conscience commune, seul tombe dans le Moi ce qui dépend de ma liberté : mes actions et mes pensées. Ce qui ne dépend pas de ma liberté s'oppose à moi comme nature. Comme « en tant que je suis libre, je ne suis pas le fondement de ma tendance et du sentiment qu'elle suscite » (SS, SW IV, 107,104), la tendance originaire m'apparaît d'abord comme une tendance naturelle. Fichte en éclaire le sens. Ma nature n'étant pas toute la nature, mais une partie de celle-ci, elle lui est nécessairement homogène. Aussi chaque partie de la nature doit receler une tendance par laquelle elle se détermine elle-même. Dans la mesure où elle ne se détermine pas cependant par concept, mais où elle est déterminée en même temps par son être, elle est déterminée à être tendance. Comme en outre la part de réalité et la tendance qui reviennent à chaque partie sont déterminées par toutes les autres, elles se déterminent réciproquement et forment un tout organique. Si, comme le montre notre corps, on peut délimiter des touts réels à l'intérieur de ce tout, ces touts seront eux-mêmes organiques, en sorte que chaque partie d'un tout aura pour tendance de s'unir aux autres parties de ce tout afin qu'il se conserve. « Je me trouve moi-même, écrit Fichte, comme un produit organisé de la nature. Or, dans un tel produit, l'essence des parties consiste en une tendance à conserver leur union avec d'autres parties déterminées, tendance qui, attribuée au tout, se nomme tendance à l'auto-conservation » (SS, SW IV, 122, 117-118). Un produit organisé de la nature étant « *sa propre fin* », sa tendance « cherche à se satisfaire exclusivement pour être satisfaite » (SS, SW IV, 128, 123). Chez l'homme, qui réfléchit sur sa tendance, l'aspiration se précise en désir, c'est-à-dire il élève à sa conscience l'objet visé par la tendance. Son désir est un désir de jouissance, car « la satisfaction pour la satisfaction, c'est ce qu'on nomme la simple *jouissance* » (SS, SW IV, 128, 123). La tendance naturelle n'est cependant qu'un aspect de la tendance originaire. Car en réfléchissant spontanément sur sa tendance naturelle, l'homme libère en lui une autre tendance, opposée à la tendance naturelle. En effet, cette réflexion est un acte libre, un acte qui ne doit rien à la tendance, donc un acte par lequel le Moi se rend indépendant de la nature et s'élève au-dessus d'elle. Ayant l'intuition intellectuelle de cet acte, le Moi s'aperçoit, au moment où il l'effectue, comme une pure activité qui a sa source en lui-même, c'est-à-dire comme un sujet autonome capable de résister à l'impulsion de la nature située « *en-dessous* » de lui et que, pour cette raison même, il ne respecte pas. « Cette résistance est donc posée ici simplement comme une faculté et, quand on la considère cependant comme une faculté immanente et essentielle au moi, ainsi qu'on doit le faire, comme une tendance. [...] Nous allons nommer cette tendance du moi, puisqu'il la contient au seul titre de moi pur, la tendance *pure* » (SS, SW IV, 141, 135). Avec cette dernière, toutefois, surgit une difficulté supplémentaire. Supposée garantir la possibilité du choix et de l'action indispensables à la prise de conscience de notre liberté, l'opposition entre les deux tendances est néanmoins si grande, qu'elle semble au final la menacer. Prise à la rigueur, la tendance pure, qui exige une indépendance absolue à l'égard de la tendance naturelle, ne peut pas être satisfaite, car nous ne sommes pas seulement un moi pur, mais aussi un moi empirique. Nous ne sommes jamais une pure liberté, mais une liberté attachée à un moi naturel, à une tendance qui réclame notre union avec la matière extérieure en vue de la jouissance sensible. À ce compte, « de la tendance pure peut résulter une pure et simple *abstention*, mais nullement une *action* positive » (SS, SW IV, 147, 141). Sachant qu'une action réelle vient toujours en même temps satisfaire la tendance naturelle, parce qu'elle nous met en contact avec le monde matériel, aucune action morale en effet ne semble plus possible. Le problème peut donc se résumer ainsi : d'un côté, ma première action ne peut avoir lieu sans tomber d'accord avec l'exigence de la tendance naturelle, car celle-ci « épuise tout mon agir possible » (SS, SW IV, 149, 143) ;

d'un autre côté, je ne peux « renoncer à la causalité de la tendance pure » (SS, SW IV, 149, 143), alors même qu'elle ne peut en avoir, attendu qu'elle exige de s'arracher à la première tendance et que cela nous est impossible. Peut-on sortir de cette contradiction? Réponse : « d'une seule manière, que voici : il faut que la matière de l'action soit, dans un seul et même agir, appropriée en même temps à la tendance pure et à la tendance naturelle » (SS, SW IV, 149, 143). Cela est rendu possible par la tendance originaire elle-même qui, puisqu'elle contient les deux tendances, se pose en définitive comme la tendance qui vise à les harmoniser, c'est-à-dire à concilier le moi pur et le moi empirique. Elle y parvient en faisant de la tendance pure un simple idéal, car alors il n'est pas besoin qu'une action atteigne la fin qu'il vise, mais seulement qu'elle cherche à s'en rapprocher, pour qu'elle lui soit conforme. « La tendance pure vise l'indépendance absolue, l'action lui est appropriée si elle vise aussi cette indépendance, c'est-à-dire *se trouve dans une série dont la continuation rendrait nécessairement le moi indépendant* » (SS, SW IV, 149, 143). La tendance morale qui aboutit, si on la suit, à une action concrète, et non à une simple abstention, n'est donc pas la tendance pure, mais la tendance originaire elle-même en ce qu'elle opère la synthèse des deux tendances pure et naturelle. Le choix entre la simple jouissance et l'exigence morale est donc effectivement donné au Moi qui peut ainsi agir et percevoir, en même temps, sa sortie de l'état d'indétermination, ce qui était une condition de la conscience de soi. De cette manière, on prouve « que la moralité est possible dans sa pratique effective » (SS, SW IV, 142, 145), ce qui fait toute la différence entre une Éthique simplement formelle qui ne peut viser, comme les mystiques, que l'anéantissement de soi-même en Dieu, et une Éthique concrète qui vise à conduire des actions déterminées.

La conscience morale

Concernant son application, la moralité possède encore des conditions formelle et matérielle à définir. La condition formelle ou interne de l'action morale est la conviction. Agir selon sa conviction est un devoir. Mais comment être convaincu que sa conviction est juste? D'un côté, il y aurait un problème de régression à l'infini si à propos du jugement porté sur ce qu'il est juste ou injuste de faire, il fallait encore juger s'il est lui-même vrai ou faux. D'un autre côté, c'est un devoir d'en juger ainsi, car il n'est pas permis d'avoir le moindre doute à cet endroit. Comment sortir de cette contradiction? Il faudrait que le jugement ne soit pas tout seul à trancher. Or, précisément, comme il existe une tendance morale qui me pousse à trouver un critère de la justesse de ma conviction concernant le devoir, il y a nécessairement un sentiment, lorsqu'il est atteint, de l'accord entre la tendance et le jugement, et c'est ce sentiment qui doit fixer le terme de mon effort de juger. Ce qui est visé par la tendance morale, c'est l'harmonie entre le moi pur, situé hors du temps, et le moi empirique, qui est dans le temps. Or, la seule manière, pour le moi empirique, de se mettre en harmonie avec le moi pur est que l'individu se demande s'il pourrait adopter pour toujours la maxime de sa volonté, au risque, s'il se trompait, de connaître « la damnation éternelle », c'est-à-dire de « renoncer pour l'éternité à son amélioration ». Car, de cette manière, le moi empirique, comme le moi pur, « s'élève pareillement au-dessus de tout changement temporel et se pose comme absolument immuable. De là le caractère inébranlable de la ferme conviction » (SS, SW IV, 169, 163). Ce serait révéler un manque de conscience, donc un manque de conviction, que de ne pas passer avec succès ce test. Fichte retrouve ici l'exemple donné par Kant dans la *Religion dans les limites de la simple raison*, de l'inquisiteur qui, faute de mettre à l'épreuve la conviction même au nom de laquelle il accuse un « hérétique », le condamne à mort. S'il avait accepté lui-même, au cas où il se tromperait, la damnation dont il le menace, il aurait eu conscience qu'« il ne pouvait jamais être certain de ne pas agir d'une façon parfaitement injuste » (Kant, *La religion dans les limites de la simple raison*, trad. Gibelin, 243). Ce qui, de manière générale, fait obstacle en l'homme à la conscience du devoir, c'est le « mal radical », que Fichte interprète comme la force d'inertie propre à la nature lorsqu'elle s'exerce en nous, et qui, sans nous nécessiter, puisque nous sommes libres, nous entraîne pourtant presque inévitablement au départ à sa suite en nous maintenant dans un défaut ou un manque de conscience. Car même si rien ne nous empêche de nous arracher à la nature par un acte libre de réflexion, rien ne nous pousse non plus à le faire, ce qui, sans détruire notre liberté, nous retient du moins de l'employer. Même la tendance morale, en effet, ne fait pas « contrepoids » (SS, SW IV, 201, 193) à cette inertie, car, en tant que tendance, elle demeure nature, et tant qu'elle parvient juste à la conscience, sans être, en plus, réfléchie par elle, elle reste au stade de tendance aveugle et mal comprise. L'indépendance absolue à laquelle elle vise est alors prise pour le règne absolu de la volonté sans loi qui, parce qu'il est capable de mépriser la jouissance, ressortit à « la mentalité habituelle des héros de notre histoire » (SS,

SW IV, 190, 183), mentalité dangereuse car dépourvue de valeur morale. Surmonter le mal radical suppose ainsi une intervention extérieure, à savoir l'incitation d'autrui pour nous élever à la conscience de notre liberté. Mais où trouver l'homme capable d'éveiller les autres, si l'homme a besoin en général d'être éveillé à la liberté ? « Puisque tout individu, répond Fichte, malgré son inertie, peut cependant toujours s'élever au-dessus de celle-ci, on est fondé à admettre que, dans la foule des hommes, quelques-uns se seront élevés effectivement à la moralité. Ce sera nécessairement pour ceux-ci une fin que d'exercer une influence sur leurs semblables et de l'exercer sur eux de la manière que nous avons décrite » (SS, SW IV, 205, 196). Ces hommes d'exception sont les fondateurs des religions positives, car, à la faveur des images et des pratiques dont elles se servent, elles sont un moyen concret d'agir sur l'esprit des hommes pour qu'y soit réfléchie l'idée de la moralité.

L'élément matériel de la loi morale

Outre la condition formelle du critère de la vérité de la conviction morale, le devoir suppose une condition matérielle. Comme le but qui nous est assigné par la loi morale se situe à l'infini, une série infinie d'actions nous est commandée par elle. C'est l'ensemble de ces actions qui définit la matière de la loi morale. Au besoin d'un critère intérieur touchant la certitude d'agir en conscience s'ajoute par conséquent le besoin d'un critère extérieur permettant de définir quelles sont « ces actions qui se situent dans la série qui s'approche de l'autonomie absolue » (SS, SW IV, 210, 201). Il est d'abord établi au § 15 de la *Sittenlehre*, qui le fait directement dériver de la totalité de la tendance originaire, c'est-à-dire de la tendance morale comme synthèse de nos tendances naturelle et pure. En effet, comme notre tendance originaire définit la fin à laquelle nous devons obéir, il suffit de rapporter dans nos actions chaque chose à cette fin pour que nous découvrions l'emploi que nous devons en faire, c'est-à-dire la manière dont nous devons la traiter. Chaque chose reçoit ainsi sa propre fin de son aptitude à servir la nôtre, et seules nos actions qui usent des choses conformément à leur fin sont dignes d'être accomplies. C'est donc par la même raison que traiter son corps comme une fin en soi, autrement dit chercher la jouissance pour la jouissance, et, à l'opposé, mépriser son corps et toute jouissance, sont également contraires au devoir. Car notre corps est l'instrument de nos actions, et, dans cette mesure uniquement, c'est un devoir d'en prendre soin et d'accueillir la jouissance qui s'y rapporte. « Mangez et buvez pour la gloire de Dieu. Qui trouve cette morale austère et pénible, tant pis pour lui, car il n'y en a pas d'autre » (SS, SW IV, 216, 207).

Mais je ne dois pas seulement agir sur le monde extérieur et sur moi-même. Je suis appelé à développer la raison en général et non pas seulement ma raison individuelle. Je dois donc agir sur autrui afin que lui aussi développe sa raison. Toutefois, autrui est libre, et si j'agis contre son intime conviction, j'agis aussi injustement à ses yeux, que lui aux miens. Dans ce cas, je dois, et en même temps, ne dois pas, agir sur lui. Comment sortir de cette contradiction ? En formant une communauté dont l'échange réciproque entre les membres est consacré à la libre action de chacun, par ses arguments et ses idées, sur la conviction de chacun, afin de tendre, comme l'exige la loi morale, vers une conviction partagée. Une telle communauté se nomme une Église (SS, SW IV,

236, 225). De même, agir sur le monde extérieur pour le soumettre aux lois de la raison, c'est agir sur ce qui ne dépend pas que de moi seul, mais de tout le monde, puisqu'aucune partie n'en revient plus à l'origine à une personne qu'à une autre. Je dois donc, et en même temps, ne dois pas, agir sur le monde. Comment, là encore, sortir de cette contradiction ? Par un accord auquel chacun doit participer et souscrire, qui statue sur la manière dont un individu appartenant à une société étatique en train de se former par cet accord même doit intervenir à propos de ce qui concerne les autres membres de celle-ci : « La convention indiquant comment les hommes doivent pouvoir s'influencer mutuellement, c'est-à-dire la convention relative à *leurs droits* communs dans le monde sensible, se nomme le *contrat social* et la communauté qui fait l'objet de ce contrat, l'État » (SS, SW IV, 238, 227).

Si toutefois l'État qui se met en place n'est pas encore un État rationnel, mais un simple État de nécessité, les principes auxquels les hommes ont donné, ne fût-ce que tacitement, leur accord, ne sont pas tout à fait bons. Or, de nouveau, la loi morale entre en contradiction avec elle-même : elle oblige d'un côté à agir pour transformer l'État, et d'un autre côté, elle oblige à respecter « ce que je présume être la volonté générale » (SS, SW IV, 239, 228) qui, tant qu'elle n'est pas opposée à la constitution de l'État, n'autorise pas à se retourner ou à agir contre lui. La loi morale oblige donc à une sorte de compromis. Pour le savant dont le propre est de ne soumettre sa conviction à aucune autorité extérieure, Église ou État, mais au seul tribunal intérieur de la raison une et universelle, il faut que « l'État et l'Église tolèrent » (SS, SW IV, 250, 238) la formation d'une société restreinte où il peut communiquer la totalité de ses pensées en toute liberté. Ne pouvant les communiquer qu'à ceux qui ont la même volonté partagée de transmettre les leurs dans les mêmes conditions, cette société doit être une « république des savants » (SS, SW IV, 250, 238). C'est à partir d'elle que la vérité débattue doit se propager à l'ensemble de la société, pour l'entraîner vers le progrès.

LA DESTINATION DE L'HOMME (1800)

Le système de l'entendement et l'exigence du cœur

La *Destination de l'homme* est sans doute un des chefs-d'œuvre de la philosophie dite populaire de Fichte. Cette œuvre marque une étape importante dans le développement de sa pensée, au sens où il commence à y établir, comme il l'écrit à Schelling dans les lettres du 8 octobre et du 27 décembre 1800, « le droit *de dépasser le Moi* », autrement dit de poser « une nouvelle extension de la philosophie transcendantale en ses principes mêmes », afin de mettre en place son « système du monde intelligible » ou, comme Fichte l'appelle encore, sa « synthèse du monde des esprits » (*die Synthesis der Geisterwelt*) (GA, III/4, 404, 105; GA, III/5, 43, 116). Fichte précise en effet à Schelling dans la même lettre du 8 octobre que c'est au Livre III de la *Destination* qu'il a pour la première fois jeté « les indications les plus claires là-dessus ». S'octroyer le droit de dépasser le Moi, ce n'est pas tant le destituer comme principe, que le reconduire en son caractère absolu et principiel à ce qui lui confère ce caractère, c'est-à-dire à l'Absolu même comme archi-principe, qui est Dieu ou l'Être. Établir un système du monde intelligible, c'est montrer que tout

se relie, Dieu, le Moi, l'individu, la nature, en termes
d'expression, de puissance ou d'image : de même que le
Moi est l'expression immédiate de Dieu, son image ou sa
puissance inférieure, de même l'individu est à la fois la
puissance inférieure du Moi et la « puissance supérieure
de la nature » (GA, III/4, 404, 106). L'élargissement des
principes de la philosophie transcendantale et la mise
en place corrélative du système du monde intelligible
permettent à Fichte, non seulement d'exposer de manière
plus approfondie sa doctrine de la religion en assignant
un sens à la fois moral et religieux à la destination de
l'homme, mais aussi de répondre aux objections de plus
en plus pressantes de Schelling relatives à sa philosophie
de la nature, grâce au degré de précision atteint dans
cette œuvre à propos de la définition du statut du monde
extérieur. Chacun des trois Livres qui composent la
Destination de l'homme marque une étape nécessaire
de l'esprit dans sa progression vers la connaissance de
la nature et de l'organisation de ce monde intelligible
où il a justement sa destination. Cette connaissance lui
est acquise une fois qu'il sait ce qu'il peut tenir pour
vraiment réel.

La première de ces étapes est le Doute, qui donne
son nom au premier Livre. La pensée est inévitablement
d'abord jetée dans une antinomie entre le point de vue
de l'entendement et l'exigence du cœur, dont Fichte
montre la genèse. Il y a doute, car il y a hésitation entre la
thèse et l'antithèse de cette antinomie. On reconnaîtra en
elle la troisième antinomie kantienne, où s'affrontent la
thèse que tout n'arrive pas dans l'ordre des phénomènes
selon les lois du mécanisme de la nature, ou, ce qui
revient au même, qu'il faut faire place à la possibilité
d'une causalité par liberté, et l'antithèse que la liberté ne

peut être cause d'absolument aucun événement dans le monde phénoménal. Le point de vue de l'entendement est celui de l'antithèse kantienne, et l'exigence du cœur est celui de la thèse. C'est d'abord le point de vue de l'entendement que, selon Fichte, nous épousons, car notre première démarche est de nous expliquer à nous-mêmes notre propre existence, et l'entendement est la faculté que nous convoquons spontanément pour le faire. Or, puisqu'il m'apparaît que je ne suis pas la cause de ma propre existence, et que je suis un être naturel, c'est de la nature et de la combinaison de ses forces que je suis normalement le produit. Aussi, comme chaque chose est une partie du tout et non ce tout lui-même, elle n'est certainement pas la force originaire productrice du tout elle-même, mais une simple manifestation particulière de cette force, limitée par toutes ses autres manifestations représentées par toutes les autres choses. Dans la mesure où je suis moi-même, parmi ces choses, une chose vivante qui a le pouvoir de se mouvoir et de penser, trois forces naturelles, dans des proportions et à des degrés déterminés, collaborent à me former tel que je suis, avec toutes mes propriétés. « Comme la plante, je suis une détermination particulière de la force formatrice ; comme l'animal, une détermination particulière de la force motrice propre ; et, par surcroît, je suis encore une détermination de la force de penser : et la réunion de ces trois forces fondamentales en une force une, en un développement harmonique un, constitue le signe distinctif de mon espèce » (BM, SW II, 180, 60). Or, si tout résulte en moi des forces de la nature, je lui obéis en tout, et je ne suis qu'un maillon dans la chaîne de la nécessité formée par le système des lois de la nature. Tout ce que je fais, tout ce que je pense, ce n'est pas moi vraiment qui le fais, ni moi vraiment qui le pense, mais c'est la nature qui me détermine à le faire et à le penser, en sorte que ce qui agit et pense en moi est la nature elle-même qui me donne seulement la conscience immédiate de mes déterminations. N'importe quel effet apparaissant à un moment donné dans le tissu des phénomènes est dépendant de l'état général du monde à ce même moment, c'est-à-dire de la situation de l'ensemble des forces naturelles en présence dans le monde, où à tout instant le degré d'expansion de chacune d'entre elles est mécaniquement fonction de celui de toutes les autres. Comme ainsi l'état du monde à un instant donné est déterminé à l'avance par l'état du monde à l'instant qui précède, et ainsi de suite à l'infini, il n'y a pas de place pour une causalité libre dans le monde, et je dois tenir l'impression d'être libre pour une illusion. Mais autant l'entendement puise une grande satisfaction dans ce système explicatif du monde, autant une autre partie de nous-mêmes se révolte contre une telle explication : il s'agit du cœur, qui ressortit au sentiment que nous croyons fermement avoir de notre liberté, ou encore à la voix intérieure qui paraît sourdre de la racine de notre être en nous indiquant notre destination, qui est, pour autant que l'on se fie à elle, d'agir. Aussi la volonté, comme « siège » du Moi (BM, SW II, 192, 74) et pouvoir d'agir, est-elle « une force sublime » (BM, SW II, 195, 77), car elle nous place au-dessus du déterminisme naturel. Celui-ci est aveugle, au lieu que celle-là est libre. La liberté est en effet le pouvoir d'agir d'après des concepts, or une action voulue est toujours précédée de la représentation du concept de sa fin. Mon existence ne revêt donc de valeur à mes yeux que par l'idée que j'en suis responsable et par l'intérêt *pratique* que je lui porte : « je veux être autonome, non pas être quelque chose en un autre et par un autre, mais pour moi-même ; et je veux, comme tel, être même la raison dernière de mes déterminations » (BM, SW II, 191-192, 73-74). Si je ne me sentais appelé à la liberté par la liberté même, je n'aurais que mépris et dégoût pour moi-même et tout ce qui m'entoure. Malheureusement, l'intime conviction du cœur ne suffit pas à renverser le système de la stricte nécessité. Elle repose toute sur l'intérêt et l'amour de chacun pour lui-même, entendu non pas comme amour égoïste *de* soi, mais comme amour *du* Soi en nous, appréhendé comme libre. Or, l'entendement n'a aucun mal en effet à reconduire le sentiment d'amour dont se réclame le cœur à son principe universel d'explication, qui consiste à faire de tous nos contenus de conscience, y compris donc ceux qui sont issus du « cœur », une manifestation non de nous-mêmes, mais de la nature en nous. Du coup, pour l'entendement, l'amour que je crois me porter n'est pas le mien, puisque rien n'est mien et que tout est à la nature, mais celui que la nature se témoigne à elle-même. Le système de l'entendement peut donc bien, en manière de prosopopée, répondre à celui qui s'en tient au point de vue du cœur : « Si tu quittes le point de vue étroit de la conscience de soi pour te transporter au point de vue supérieur où l'on embrasse l'univers du regard […], alors il sera clair pour toi que ce que tu appelais ton amour n'est pas ton amour, mais un amour étranger : savoir l'intérêt de la force naturelle originaire en soi pour se conserver elle-même comme telle » (BM, SW II, 197, 80). Auquel des deux systèmes, donc, doit-on se vouer, celui de la nécessité ou celui de la liberté ? Cela reste indécidable pour l'instant.

Le Savoir

Après le Doute vient le Savoir, lequel donne cette fois son nom au deuxième Livre de la *Destination*. Entre en scène, pour dispenser ce savoir, un être fantastique, l'Esprit, comme dans *Faust* entre en scène l'Esprit de la terre au chapitre intitulé « La nuit ». Dans un dialogue entre l'Esprit et le Moi, l'Esprit délivre le Moi de sa crainte d'être le produit de la nécessité naturelle et de ne pas s'appartenir. Il guide sa réflexion pour lui faire saisir que loin d'être inclus dans la nature et son mécanisme, c'est tout à l'inverse la nature et la matière extérieure elles-mêmes qui sont incluses en lui comme le produit des lois de son esprit. Une fois compris en effet que la nature et la matière extérieure ne sont rien qu'une image dépourvue de réalité, la peur de leur être soumis s'évanouit d'elle-même. Le Savoir que l'Esprit veut faire retrouver par lui-même au Moi, Savoir qui doit le libérer du Doute, est le Savoir du savoir lui-même. Il faut ainsi distinguer entre le simple savoir et le Savoir de ce simple savoir. Le simple savoir a pour objet le monde : c'est-à-dire il est, en tant que savoir, la connaissance du monde et des objets extérieurs. Savoir son – ou ce – savoir, c'est savoir ce que contient le simple savoir et le statut qu'il a. C'est savoir que puisque le monde extérieur n'est rien de réellement existant, ou, ce qui revient au même, qu'il n'a pas d'existence en dehors du savoir qu'on en a, il est engendré par le savoir lui-même, et qu'il *est* par conséquent ce savoir : « ce monde sensible tout entier ne naît que par le savoir et est même notre savoir » (BM, SW II, 246, 149).

Quel raisonnement conduit le Moi à ce résultat ? Le Moi ne sort pas de lui-même, car cela lui est impossible.

Dans son rapport avec les choses extérieures, ce ne sont pas ces choses qui sont senties par le Moi, mais seulement son propre état, soit ses propres modifications intérieures. Car les représentations sensibles ne sont pas dans l'objet, mais uniquement dans le Moi. La chose extérieure à la représentation, la chose en soi, n'est qu'un ajout de la pensée. Faire alors, comme la plupart des « interprètes de Kant », de la chose en soi la cause ou le fondement de la sensation, c'est faire un raisonnement circulaire. « Cette pensée d'une chose en soi est fondée par la sensation et ils veulent fonder la sensation par la pensée d'une chose en soi. Leur gros éléphant repose sur leur globe et leur globe repose sur leur gros éléphant ». À cela s'ajoute cette autre incohérence, que « leur chose en soi, qui est une simple pensée, devrait agir sur le Moi ! » (ZE, SW I, 483, 286). Or, s'il n'y a pas de chose en soi, il faut s'interroger sur la façon dont se forme en nous, à partir d'une simple sensation, la représentation d'une chose extérieure. Une sensation, si elle pouvait par elle-même être étendue, le serait à l'infini, car elle ne prendrait pas seulement place *dans* l'espace, en se juxtaposant à d'autres, mais elle serait déjà *de* l'espace, et, comme l'espace, elle n'aurait aucune limite. Or, tout ce qui nous apparaît dans l'espace est limité. Une sensation est donc initialement un « point » (BM, SW II, 208, 97) inétendu. Mais comment ce qui est inétendu se transforme-t-il pour nous en quelque chose d'étendu, comme la surface colorée d'une chose par exemple ? Puisque le Moi n'a rapport qu'à lui-même, il lui faut tirer l'espace de lui-même. S'il y projette inconsciemment ses propres états, ceux-ci lui apparaîtront détachés de lui-même et juxtaposés dans l'espace, autrement dit comme des *propriétés* des choses extérieures. Quelle est donc la genèse de l'espace ? Si l'on parvient à l'expliquer, il sera enfin « croyable que la représentation d'un être advenant hors de moi sans mon intervention puisse procéder des lois internes de ma conscience même, et que cette représentation ne puisse être au fond rien d'autre que la représentation de ces lois mêmes » (BM, SW II, 227, 123). L'essence du Moi n'est pas un être (et ce n'est que si l'on entend l'essence comme être que le Moi n'a pas d'essence), mais un acte, plus précisément un « voir » (BW, SW II, 229, 125), un se-voir-soi-même. Ce voir exprime spontanément sa vie dans une image. Chaque action intellectuelle étant comprise par le Moi qui l'effectue comme un passage du repos à l'activité, c'est-à-dire d'un état d'indétermination cependant déterminable à un état déterminé, elle trouve à s'imager d'elle-même comme un acte de tirer une ligne à partir d'un point. Le Moi en sa liberté renfermant le pouvoir d'initier n'importe quelle action intellectuelle de son choix sur un simple commandement de sa volonté, ce pouvoir central d'agir se traduit d'emblée comme le pouvoir de tirer des lignes dans toutes les directions possibles à partir d'un point : l'espace est né. Autant la conscience de mon état se nomme « *la sensation* », autant la conscience de l'espace est « *l'intuition* » (BM, SW II, 234, 133). Un dernier acte de l'esprit est nécessaire pour les mettre en rapport, de façon à obtenir la représentation d'un objet extérieur : « La *propriété* de la chose provient de la sensation de mon propre état ; *l'espace*, qu'elle occupe, provient de l'intuition. Par l'acte de penser, les deux sont reliés entre eux, et la première est transférée au second [...] : parce qu'il est posé dans l'espace, ce qui n'est à proprement parler que mon état devient pour moi une propriété de l'objet » (BM, SW II, 235, 133-134). Sa masse et sa capacité de m'affecter lui sont attribuées en vertu du « principe de raison » (BM, SW II, 236, 135), dont les lois du penser conduisent nécessairement le Moi à se servir pour se rendre compte à lui-même de la présence en lui de la sensation. En supprimant la chose en soi, le Savoir nous fait sortir du cadre strict de la philosophie kantienne, car il ôte à la troisième antinomie, à la fois ce qui la motive et ce qui la résout. Il sape ce qui la motive, car le phénomène n'est plus exactement chez Fichte ce qu'il est chez Kant. Autant chez Kant, le phénomène est le phénomène de quelque chose qui nous échappe = X qui se tient hors de notre représentation ; autant chez Fichte, au point de vue du Savoir, le phénomène est la manifestation des lois de l'esprit et ne renvoie plus à rien en dehors de notre représentation. Si donc en chutant au rang d'image, de ce qui est absorbé dans le « penser », la nécessité naturelle du monde extérieur se révèle privée d'être et d'existence, la question s'annule en même temps qu'elle, de savoir si elle est conciliable avec la liberté. Il n'y a plus lieu en effet de demander à propos d'un terme inexistant comment il se concilie avec un autre : « Tu abolis la nécessité, répond le Moi à l'Esprit, en abolissant et en détruisant purement et simplement tout être » (BM, SW II, 142). – Il détruit en même temps ce qui la résout, car un même effet ne peut plus être renvoyé simultanément à deux types de causalité distincts, l'un phénoménal, l'autre intelligible, ce dernier se rapportant chez Kant à la chose en soi dont se débarrasse Fichte.

Le Savoir paraît cependant nous entraîner de Charybde en Scylla. Il délivre d'un mal pour jeter apparemment dans une souffrance pire que celle à laquelle il arrache : il me soustrait à la nécessité, mais aussi et surtout, semble-t-il, à moi-même ! Si tout être, en effet, dérive des lois de mon penser, mon propre être ne saurait faire exception.

Ma conscience immédiate est conscience de chacune de mes actions séparément, mais non d'une faculté de vouloir qui se rattacherait sans discontinuer à un être stable qui serait le mien. Je vois bien à présent que cet être et cette faculté sont le produit nécessaire des lois de mon penser pour expliquer ces actions déterminées à l'aide d'un déterminable pouvant se déterminer qui serait « moi ». Ma personne serait posée, soit produite, par le penser, afin de rassembler dans un seul et même être toutes les consciences immédiates détachées les unes des autres, de toutes mes actions. Ainsi je n'aurais pas plus d'existence qu'une simple exigence logique, presque grammaticale : il faut un sujet à une action. Le Savoir a toutes les apparences d'un nihilisme désespérant : « Il n'y a pas d'être. *Moi-même*, je ne sais absolument rien et ne suis rien. *Les images* sont : elles sont la seule chose qui existe [...]. Toute réalité se transforme en un rêve merveilleux, sans une vie qui serait rêvée et sans un esprit qui rêverait [...]. L'*intuitionner* est le rêve ; le *penser* – la source de tout être et de toute réalité que j'imagine en moi, de mon être, de ma force, de mes fins – est le rêve de ce rêve » (BM, SW II, 245, 147-148).

Le statut exact du Savoir n'autorise pourtant pas ce nihilisme. Ainsi que le précise l'Esprit au Moi à la fin du second Livre, le Savoir est entièrement négatif : il dit ce qui n'est pas, mais non ce qui est ; il détruit l'erreur, mais ne pose pas la vérité. Qu'il n'y ait pas de chose en soi, et que tout ce qui se tient dans la représentation soit image, c'est bien le résultat du Savoir. Mais sur ce qui se tiendrait éventuellement hors de la représentation sans nécessairement par là être une chose en soi, le système du Savoir ne dit rien et l'Esprit se tait, se contentant seulement d'exhorter le Moi à le découvrir par lui-même.

La réalité vraie, c'est-à-dire existante à côté et en dehors des images, doit être inaccessible au Savoir, qu'il faut dépasser pour la saisir : « Tu t'efforcerais en vain, dit bien l'Esprit au Moi, de la créer par ton savoir et à partir de ton savoir, et de l'embrasser avec ta connaissance. Si tu n'as pas d'autre organe pour la saisir, alors tu ne la trouveras jamais. Mais tu as un tel organe » (BM, SW II, 149-150).

La Croyance

Cet organe, c'est l'intuition intellectuelle, qui se confond avec la vie et la liberté. La conscience immédiate restait impuissante à saisir le Moi tant qu'elle cherchait un être. Mais le Moi est un acte et non un être, il est l'acte de se saisir lui-même. Tous les autres actes du Moi découlent eux-mêmes de cet acte premier. Le cœur, auquel est rendu sensible en quelque sorte l'intuition intellectuelle, et qui dénonce en moi la vie et la liberté, apporte une autre forme de connaissance que le savoir. Comme Jacobi, Fichte donne le nom de Croyance à cette forme de connaissance. Elle est connaissance par intuition, donc connaissance des choses premières, par opposition à la connaissance discursive, réservée au Savoir. Le cœur m'élève au-dessus du Savoir par l'impossibilité de nier ou d'ignorer ce qu'il me fait intimement sentir, c'est-à-dire une tendance contre laquelle je ne peux pas aller, parce qu'elle est comprise immédiatement comme un élan contre lequel je ne *dois* pas aller. Cette tendance qui me pousse à l'action, que je *sens* comme un appel à l'autodétermination, se change aussitôt pour moi en *devoir* dès que je réfléchis sur elle, car alors ce à quoi je suis poussé comme malgré moi devient posé comme voulu par moi, la tendance passe sous la domination du concept et de mon penser, par où je l'érige en *loi* pour ma volonté : « Par le penser, je précise pour moi-même le sentiment de cette tendance, et, grâce au concept, je donne pour ainsi dire des yeux à la tendance aveugle. Je dois, conformément à cette tendance, agir comme un être absolument autonome » (BM, SW II, 249-250, 153). Or, si je ne peux me soustraire au devoir sous peine de me nier moi-même, je ne peux davantage me soustraire à ce qu'il implique, comme de ne pas tenir pour illusoire la réalité du monde extérieur, puisqu'il est le théâtre de mes actions et que je suis tenu d'agir pour accomplir mon devoir. En d'autres termes, je *dois* croire en la réalité du monde extérieur, en tant qu'il « est l'objet et la sphère de mes devoirs, et absolument rien d'autre » (BM, SW II, 261, 165). On se rend compte ici que, à l'antinomie encore kantienne du Livre I entre la liberté et la nécessité comme formes opposées de causalité dans le monde est substituée au Livre III une antinomie proprement fichtéenne entre la spéculation du Savoir qui ôte toute réalité au monde et la Croyance morale qui oblige à accorder au contraire de la réalité au monde. En bref, là où la troisième antinomie kantienne portait sur la réalité ou l'absence de réalité de la causalité par liberté dans le monde, l'antinomie fichtéenne porte sur la réalité ou l'absence de réalité du monde lui-même. Sans doute, l'intérêt pratique pour notre Moi et la liberté rend l'antithèse de la Croyance préférable à la thèse du Savoir, mais ni on ne peut renoncer à celle-ci, parce que le statut d'image du réel qui nous entoure a été démontré génétiquement, ni on ne peut renoncer à celle-là, parce que ce serait contraire à notre destination. Même la supériorité de la Croyance sur le Savoir n'annule pas ce dernier. Se pourrait-il donc que la Croyance et le Savoir soient vrais en même temps, quand leurs affirmations sur le monde paraissent se contredire au plus haut point?

Le principe de la résolution de l'antinomie ne pourrait-il pas résider dans la mise en évidence d'un rapport de moyen à fin entre ses deux termes? En clair : le Savoir n'est-il pas subordonné à la Croyance comme le moyen à sa fin? Si le devoir n'est pas un vain commandement auquel je pourrais me soustraire sans me mépriser moi-même, je le reçois comme un appel adressé à ma raison finie par une raison qui me dépasse, c'est-à-dire par une Raison infinie. Puisque tout dans l'univers doit pouvoir s'accorder avec ce commandement, il faut que tout y soit disposé selon les lois de cette Raison, et qu'Elle le dirige vers un but auquel chaque chose est proportionnée. Tout doit donc obéir dans le monde à un « plan de la raison » (BM, SW II, 260, 164), ou, comme la nomme encore Fichte, de la « Volonté éternelle » (BM, SW II, 310, 219), qui est identifiée à une divine providence (BM, SW II). Replacées dans le cadre de cet horizon final, les images produites par les lois de mon esprit revêtent aussitôt un sens et une valeur tout autres. Même si elles restent des images, elles ne sont plus le jeu vide et gratuit que je croyais, de mon imagination. Elles renvoient, par-delà le mécanisme intellectuel qui les engendre en moi, à la source de ce mécanisme lui-même, ainsi qu'à la raison véritable pour laquelle elles sont engendrées. Les lois de mon esprit ne sont que le *medium* dont se sert la Volonté infinie pour faire apparaître un monde sensible qui me puisse servir de point d'appui et de repère pour agir conformément au sentiment du devoir qu'Elle place en moi. « C'est seulement dans nos esprits, confirme Fichte, que la volonté [« éternelle »] crée un monde ; ou du moins qu'elle crée ce à partir de quoi nous le développons et ce par quoi nous le développons : l'appel au devoir ainsi que des sentiments concordants, l'intuition et les lois du penser. C'est par *sa* lumière que nous voyons la lumière et tout ce qui nous apparaît en elle. Dans nos esprits, elle forme incessamment ce monde et intervient en lui » (BM, SW II, 303, 211-212). La Volonté, qui est la source commune de tous les esprits finis, fait naître le moyen pour eux d'entrer en rapport les uns avec les autres, non seulement en accordant les représentations des différents esprits entre elles, de manière à produire un monde commun, mais aussi en inspirant chez eux le sentiment du respect à chaque fois qu'il est question dans leurs représentations de la présence d'autrui, qui se signale au milieu des autres représentations par ce sentiment même. « Cet accord de nous tous sur le monde sensible qui, comme sphère de notre devoir, doit être placé au fondement et est, pour ainsi dire, préalablement donné, cet accord qui, tout bien considéré, est tout aussi inconcevable que notre accord sur les produits de notre liberté mutuelle, cet accord est le résultat de la volonté Une, éternelle et infinie » (BM, SW II, 302, 210-211), écrit Fichte. Or, si l'injonction qui nous est faite d'agir dans le monde nous oblige à faire *comme s*'il était doué de réalité par lui-même, quand bien même ce ne serait pas le cas, ce n'est pas du tout afin que nous considérions le monde sensible comme un horizon indépassable, mais seulement afin de pouvoir satisfaire à cette injonction elle-même. Car ce n'est que dans un premier temps qu'elle dirige notre attention sur le monde sensible, pour nous apprendre à mieux le dépasser dans un second. En nous tournant vers le monde sensible, elle libère l'usage de notre volonté qui va s'exercer à le modifier en y réalisant ses concepts de fin ; mais aussi, elle nous amène, à force de l'exercer, à nous emparer du pouvoir absolu qu'elle recèle, c'est-à-dire à prendre possession de notre liberté elle-même. C'est alors que nous apercevons que nous ne sommes pas seulement membre d'un monde sensible, mais aussi, dès ici-bas, d'un monde intelligible : « Je suis membre de deux ordres : un ordre purement spirituel, en lequel je règne par la simple volonté pure, et un ordre sensible, dans lequel je produis des effets par mon action » (BM, SW II, 288, 195). Comme il apparaît que ces deux ordres obéissent à des lois très différentes, nous comprenons que notre vraie destination est au-delà du monde sensible, dans l'éternité à laquelle nous appartenons déjà. En effet, le monde sensible suit un cours mécanique, ses lois sont celles de la nature exclusivement, et rien n'y apparaît qui soit l'œuvre à proprement parler de la liberté. Chaque effet y a été préparé à l'avance par une longue suite indéfinie de causes, en sorte que tout ce qui prend place à l'intérieur de cette chaîne était nécessairement déterminé à se produire. Ma volonté n'a donc pas de prise sur le monde sensible, puisqu'elle est étrangère aux lois qui le régissent. La façon dont je veux l'action est entièrement dépendante de moi, mais non la façon dont elle s'inscrit dans le monde. Partant, s'il n'y avait que ce monde sensible, ma volonté et ma liberté ne serviraient absolument à rien, et l'ordre moral auquel je suis tenu d'obéir perdrait tout sens et toute valeur. Mais la défense même qui m'est faite de mépriser ce commandement rend absolument nécessaire la croyance en une destination supraterrestre, c'est-à-dire en une vie future au sein du monde suprasensible en lequel je réside en partie déjà.

Lui seul peut recueillir les effets de ma volonté, tout comme il n'y a qu'en lui que je pourrai connaître le juste salaire de mon obéissance à la loi morale. Fichte écrit en effet : « Comment, sans tenir compte de tout le reste, pourrais-je croire que cette loi est établie pour le monde sensible, et que la fin de l'obéissance qu'elle exige réside tout entière dans ce monde-ci, puisque la seule chose qui importe dans cette obéissance ne sert absolument à rien dans ce monde, et qu'elle n'y saurait jamais devenir cause ni y avoir d'effet (BM, SW II, 281, 187) »? L'homme est donc forcé de vivre dans la croyance, car ce qui fonde la certitude de ma destination, à savoir « qu'il y a une raison formatrice de mon être qui me commande l'obéissance » (BM, SW II, 281, 186) ne saurait faire l'objet d'une démonstration proprement dite. Il le saurait d'autant moins, que le système de Fichte a l'originalité de s'appuyer sur deux croyances en même temps, lesquelles reposent l'une sur l'autre, et que la croyance en une raison providentielle instigatrice du devoir est l'une des deux. Autrement dit, elle dépend elle-même d'une autre croyance, autant que celle-ci est dépendante de celle-là ; si bien qu'on ne peut jamais chercher à fonder une croyance, sinon par une autre. La seconde croyance est la croyance en ma liberté. Je dois croire en ma liberté, si je dois agir. Mais, à l'inverse, je ne puis croire que le devoir n'est pas « une illusion que j'aurais moi-même forgée ou qui serait venue d'on ne sait où » (BM, SW II, 281, 186), que parce que je crois que je suis libre et que je dois en conséquence honorer la liberté en moi comme en la personne d'autrui. La liberté non plus ne se démontre pas, elle se saisit ; elle ne se comprend pas, elle se vit ; elle n'est rien avant de se faire, ne jaillit que dans l'acte par lequel elle s'emploie, par où elle n'a d'autre preuve que sa propre auto-intuition. Dans la mesure, donc, où la liberté peut être ressaisie de deux manières, à la fois par l'intermédiaire du devoir et directement par elle-même, la réalité objective de la liberté n'est pas seulement garantie par la loi morale comme un postulat, mais aussi par l'intuition intellectuelle. De là une fidélité seulement partielle de Fichte à la doctrine kantienne des postulats de la raison pure pratique, qui admet uniquement la liberté du sujet agissant comme un postulat. Pour Kant, le devoir n'est pas un postulat, mais un Fait de la Raison, auquel sont ordonnés les postulats de la raison pure pratique : Dieu, l'immortalité et la liberté comme causalité d'un être raisonnable dans un monde intelligible sont autant de conditions exigées par la loi morale pour que la volonté puisse réaliser ce qu'elle ordonne. Aussi, Fichte est d'accord avec Kant pour écrire que je dois croire à la liberté parce que je dois me soumettre au devoir. Mais comme ce n'est pas pour Fichte la seule raison de croire à la liberté qui renferme en même temps le pouvoir de se donner accès à elle-même, il s'éloigne de Kant, ou plutôt de l'orthodoxie kantienne, pour montrer que la croyance en la liberté a la vertu de rejaillir à son tour sur l'appréhension du devoir et de conforter l'ordre de ce dernier en désamorçant le doute qui pourrait malgré tout survenir sur l'origine de sa provenance. Car si je puis m'assurer grâce à l'intuition intellectuelle que ma liberté, non seulement n'est pas illusoire, mais qu'elle est même ce qu'il y a de plus vrai et de plus noble en moi, je ne puis douter que l'ordre de la promouvoir émane de l'Être même où ma liberté prend sa source.

Fichte, enfin, s'éloigne de Kant sur la manière de faire le lien entre nature et liberté. Kant cherche à y parvenir en faisant cohabiter dans un même être un caractère empirique et un caractère intelligible qui produisent chacun au moyen d'une causalité différente un seul et même effet. Pour Fichte, ce sont la nature et la liberté elles-mêmes qui sont renvoyées à une source commune dont elles sont chacune à un degré différent l'expression. Ainsi, tout, dans le système de Fichte, vit de la même Vie : la nature n'est que la dernière forme prise, au travers de manifestations successives, par la Volonté qui se continue en elle et hors de laquelle il n'y a rien.

INITIATION À LA VIE BIENHEUREUSE (1806)

Œuvre de philosophie populaire, l'*Anweisung* est une série de cours privés professés à Berlin durant le semestre d'hiver 1805-1806, qui marquent « le point culminant et le foyer le plus lumineux » (ASL, SW V, 399, 97) de l'ensemble qu'ils forment avec les *Traits caractéristiques du temps présent* et les *Leçons sur l'Essence du savant*. Fichte y répond aux attaques de Schelling dans *Philosophie et Religion* de 1804, qui l'accuse, dans son système, de fonder le fini sur lui-même en rendant le Moi autosuffisant, le conduisant ainsi à se prendre pour Dieu, ce qui est le principe de l'orgueil et de la faute. En intégrant les derniers apports de la doctrine de l'image (*Bildlehre*) et de l'Être (*Seinslehre*) des *WL* de 1804 et 1805, l'*Anweisung* est une œuvre emblématique de ce que l'on appelle communément la seconde période de Fichte, parce que le primat est désormais donné à l'Être au lieu du Moi. Il ne faut pourtant pas céder trop vite, comme ce fut en général le cas jusqu'à maintenant, à la tentation d'y voir un second Fichte, car, premièrement, Fichte lui-même déclare dans la *Préface* de cette œuvre n'avoir absolument, sur le fond, changé en rien sa doctrine depuis le début; deuxièmement, ce découpage de la philosophie de Fichte, initié par Schelling, le fut à partir d'un contresens majeur, présent déjà dans le *Vom Ich*, à propos du premier principe de la *WL* exposé en 1794 : l'identification du Moi pur avec l'Absolu, soit le résultat d'une abstraction avec un tout concret. Il n'en reste pas moins que le langage de Fichte a évolué, et que la distinction désormais pratiquée entre l'Être et l'Existence, ou entre l'Essence et la Forme, est mise au service d'une réflexion sur la manière, pour le Moi individuel, d'accéder au bonheur vrai, à la vie bienheureuse. Conformément à l'indication de la *Septième conférence*, l'*Anweisung* se divise en deux parties. Les cinq premières conférences exposent la théorie de la vie et de l'Être à partir de laquelle s'expliquent les cinq points de vue possibles sur le monde; après la *Sixième conférence* servant de transition entre les deux parties, les cinq dernières conférences s'emploient à prouver que, par opposition à un savoir mort, dont la lettre serait connue mais dont l'esprit ne serait pas compris, seule « la possession vivante de la théorie présentée jusqu'ici » (ASL, SW V, 493, 202) offre la béatitude.

La vie bienheureuse

La « vie bienheureuse » est une expression redondante. La vie est par essence bienheureuse ou elle n'est pas la vie. Qu'est-ce à dire? La vie malheureuse est celle qui vit d'une vie apparente, qui n'est pas la vie véritable, c'est-à-dire celle qui place l'objet de son amour dans ce qui a un être apparent plutôt que réel. Bref, la vie qu'on a est à l'image de l'objet qu'on aime. Or, si ce qui est vraiment, est ce qui vit, et inversement, la vie qui place son amour ailleurs que dans sa propre essence est aussi celle qui réside en dehors d'elle-même, et qui, devenue incapable de s'alimenter à sa propre source, vit d'une vie illusoire, aime d'un amour illusoire. Et si cette vie est malheureuse, c'est bien parce que la vie, au fond, ne peut pas renoncer à elle-même, ni aimer autre chose qu'elle-même. Croyant aimer ce qui recèle l'être et la vie véritables, ou, ce qui revient au même, croyant se posséder elle-même, la vie malheureuse ignore qu'elle se cherche encore. Aussi a-t-elle la « nostalgie » (ASL, SW V, 407, 105) de ce qui lui manque : « Quand on n'est pas encore parvenu à la vie véritable, écrit Fichte, cette nostalgie n'est pas moins ressentie ; mais elle n'est pas comprise. Tous aimeraient être bienheureux, tranquilles, satisfaits de leur état, mais où trouver cette béatitude, ils ne le savent pas » (ASL, SW V, 408, 106). Peu maîtresse d'elle-même et de sa pensée qui, seule, peut découvrir ce qui est réellement vivant, la vie insatisfaite s'attache à la multiplicité, c'est-à-dire aux objets fugitifs du monde extérieur et à leur matérialité qu'elle fait signe de réalité. C'est le propre de « l'opinion » (ASL, SW V, 417, 116), à laquelle elle reste assujettie, que d'attribuer le plus de réalité à ce qui en possède le moins. La « pensée », en revanche, s'élève des ombres passagères des objets matériels qui, parce qu'ils sont soumis au changement et disparaissent, n'ont pas d'être propre et supposent « derrière » eux quelque chose qui ne change pas, à moins de devoir encore chercher derrière ces derniers changements, ce qui est immuable, et ainsi de suite à l'infini. Or, ce qui est absolument immuable, donc procède de soi et se soutient par soi, c'est l'Absolu divin qui, parce qu'il renferme la plénitude de l'être, peut aussi bien être nommé l'Être, à condition de ne pas le chosifier, de ne pas en faire *un* être, un substrat ou un support sans vie de ce qui est, mais un *acte*, l'acte d'être, qui contient directement la vie, qui *est* donc la vie en soi, la vie divine. La vie bienheureuse est donc la vie qui s'unit à l'Être, à la vie divine, qu'elle reconnaît comme l'objet véritable de son amour.

L'Existence de l'Être

Mais comment s'unir à l'Être, nous qui ne sommes pas, comme êtres finis, l'Être lui-même ? Du simple fait que nous existons, nous sommes en dehors de l'Être. Exister, en effet, c'est penser, donc nous représenter l'Être, et partant nous opposer à lui. Il faut donc distinguer de l'Être, retiré en lui-même, et où nous n'accédons pas, l'Existence de l'Être, sa manifestation, soit, à proprement parler, « son Être en dehors de l'Être » (ASL, SW V, 440, 142), où seulement nous sommes situés. La conscience est donc l'Existence elle-même, qui n'est que l'Image de l'Être : « l'existence de l'Être doit être nécessairement une conscience de soi de l'existence elle-même en tant que simple image de l'Être qui est absolu et en soi » (ASL, SW V, 442, 143). La représentation de l'Être fournie par la conscience étant elle-même une image, elle est une image de l'image de l'Être, et ajoute ainsi un degré de plus à notre éloignement de l'Être. Bref, l'existence se pose *comme* posée en face de l'Être. Ce « comme », c'est-à-dire cet « en tant que », ressortit au concept, à la notion. En se posant comme telle, au moyen de la notion qu'elle a d'elle-même, l'existence, par conséquent, s'isole à l'intérieur d'elle-même et se coupe de l'Être. La pensée, image vivante, mais en même temps seulement image de l'Être, et dont le regard lui-même imageant est chargé de mort, car il fige et tue l'objet qu'il contemple dans l'image sans vie qu'est le concept, – la pensée, donc, dont le statut et le travail semblent si contraires à l'union avec la vie divine exigée par la béatitude, peut-elle éviter d'être un obstacle à celle-ci ?

Le Verbe

Concernant notre capacité à nous unir à l'Être, le statut et le travail de la pensée sont deux difficultés distinctes. Commençons par son statut. La pensée semble irrémédiablement séparée de l'Être, car appartenant seulement à l'existence de l'Être. Mais cette séparation entre l'Être et son existence est-elle bien réelle ? N'est-elle pas posée par l'activité séparatrice de la pensée ? Dit autrement : cette distinction existe-t-elle en soi, ou bien seulement pour notre pensée, c'est-à-dire dans l'existence uniquement ? Si l'on réfléchit à ceci, que c'est l'Être *lui-même* qui existe ; que c'est partant comme il est, comme absolu, qu'il est présent dans son existence qui ne serait plus sinon la sienne, il apparaît clairement qu'il ne peut y avoir de saut, de rupture entre l'Être et l'existence, mais seulement continuité, passage absolu de l'un à l'autre, et que ce point de passage les tient nécessairement confondus. Ainsi, « toute la différence signalée dans la leçon précédente entre Être et existence, et l'absence de rapport entre l'un et l'autre se révèle ici n'exister que pour nous, comme conséquence de notre limitation ; mais nullement comme existant en soi et directement dans l'existence divine » (ASL, SW V, 452, 155). Ce point où s'identifient l'Être et l'existence, où il y a donc identité de l'identité et de la différence, est ce que Fichte, dans le langage de l'Évangile de saint Jean, appelle le Verbe (ASL, SW V, 479, 187). Il est la lumière jaillissant de l'Être, jaillissement éternel dans lequel l'Être, sortant de lui-même, advient à la pure intuition de soi, c'est-à-dire au Moi pur et infini, coéternel à l'Être, dont partent comme autant de rayons fusionnés dans leur source, les consciences de soi individuelles. Le Verbe est moins, en ce sens, l'existence elle-même, que la « racine » de l'existence, c'est-à-dire le commencement absolu, hors du temps, de celle-ci. Dans sa racine, l'existence est encore – terme assurément impropre, puisqu'il n'y a pas « encore » de temps, mais qu'il faut bien utiliser pour pouvoir s'exprimer – fusionnée avec l'Être. Tel est le sens de la fameuse proposition johannique : au commencement était le Verbe, que Fichte interprète ainsi : Dieu existe, « et son existence que nous seuls distinguons de son Être n'en est pas distincte en soi et en lui ; mais cette existence est primitive, antérieure et étrangère à tout temps, dans l'Être, inséparable de l'Être, et l'Être même : le Verbe au commencement, – le Verbe en Dieu, – le Verbe en Dieu au commencement, – Dieu le Verbe même, et le Verbe Dieu même » (ASL, SW V, 480, 187). La première difficulté est donc levée. Si nous sommes à la racine le Moi pur, et si le Moi pur est le point d'indistinction de l'Être et de l'existence, nous sommes reliés à l'Être, sinon par la conscience représentative et le concept, du moins par la partie la plus intérieure de notre être. Il y a ainsi deux parties, ou, comme on pourrait dire aussi, deux niveaux dans le moi, qui correspondent aux deux « parties » (ASL, SW V, 511, 223) que Fichte distingue dans l'existence. La première partie de l'existence, sa « racine », correspond à la partie tout à la fois « pré- » et « supra- » individuelle de notre être, c'est-à-dire à la pure conscience de soi, à la pensée antérieure à sa forme discursive et conceptuelle, bref, à l'intuition intellectuelle. Cette partie de l'existence est celle que

Fichte appelle « son Être réel, qui ne peut être perçu que de façon immédiate », soit « cet Être complètement indépendant de tout son Être découlant de sa notion d'elle-même, et qui au contraire précède celui-ci et le rend possible » (ASL, SW V, 443, 145). La seconde partie de l'existence est celle qui est engendrée par le concept, qui transforme l'acte vivant de la pensée en un produit mort. Elle englobe le monde, c'est-à-dire tous les objets limités, parmi lesquels notre âme et notre corps, qui n'existent que pour avoir été conçus par la pensée. « Aussi le Concept, précise Fichte, est-il proprement le créateur du monde en transformant, conformément à son caractère interne, la vie divine en un Être fixe, et c'est pour le Concept et dans le Concept qu'il y a un monde, celui-ci étant la manière dont la vie apparaît nécessairement dans le Concept » (ASL, SW V, 454, 157). Le fait que la pensée puisse revêtir deux formes, pure ou intuitive et représentative, permet de lever la seconde difficulté. La pensée peut anéantir le concept qu'elle a posé elle-même après avoir compris la solution de continuité introduite par ce dernier au sein de la vie. Elle peut alors observer que reste, une fois le concept anéanti, l'acte même qui l'anéantit, ou, pour être plus précis, que ce qui anéantit le concept est la lumière qui jaillit du pur acte de comprendre sa nullité. L'intuition de la lumière apparaissant à cette occasion est le moyen par lequel la pensée renoue avec sa propre vie, après avoir séjourné dans l'être mort projeté par le concept. Il est remarquable que ce résultat reprend l'analyse de la triade : concept-lumière-être, qui est au centre du propos de la WL 1804/II, où Fichte qualifie de hiatus absolu, de « *projectum per hiatum irrationalem* » (WL 1804/II,

SW X, 203, 145) le saut effectué par la pensée hors de la vie qui est en elle, et la fait retomber dans l'être en soi mort qu'elle a produit à l'aide de son concept.

L'amour

Nous ne sommes pas seulement reliés à l'Être par la forme immédiate sous laquelle il se phénoménalise, par l'intuition intellectuelle de la lumière pure qui jaillit en nous à travers et dans l'acte de comprendre son incompréhensibilité même, à savoir son caractère irréductible au concept, son être-en-deçà de la conscience représentative. Nous sommes d'abord et avant tout reliés à l'Être par l'amour, qui définit ce qui relie l'Être à lui-même. L'amour que l'on a pour l'Être est celui que l'Être a pour lui-même à travers nous. Le mouvement par lequel l'Être s'extériorise dans l'existence, se divise, est en même temps celui par lequel il se révèle à lui-même, advient comme Soi, donc tend, aussi, à s'unir à soi. Bref, en existant, l'Être s'apparaît, c'est-à-dire, dans un seul et même mouvement, se sépare de lui-même et se lie à lui-même. Principe d'union et principe de séparation sont identiques. Ce qui retient l'Être uni à lui-même dans cette scission d'avec lui-même, c'est justement l'amour. Ainsi que le note Fichte, « l'amour partage l'Être mort en soi en un Être pour ainsi dire répété deux fois, le posant devant lui-même et par là fait de lui un Moi ou un Soi-même qui se contemple et est pour lui-même objet de connaissance ; Moi qui est la racine de toute vie » (ASL, SW V, 402, 100). Ainsi, le Moi absolu ou le Verbe est l'accès que se donne l'Être à lui-même, et l'amour est la forme absolument originaire que revêt cet accès à

soi. La vie et l'amour étant ainsi parfaitement « identiques » (ASL, SW V, 402, 100), l'intuition que la vie
a d'elle-même est primitivement un Affect. « Qu'est-ce
que l'amour ? Je réponds, écrit Fichte : l'amour, c'est
l'*affect* de l'Être » (ASL, SW V, 498, 208). Entendons
par là, *et* que l'Être est la cause productrice de cet affect,
et qu'il en est l'objet. C'est l'Être même qui est senti
dans la conscience immédiate au fond de nous, et qui
aussi bien a le sentiment de lui-même dans la racine de
l'existence, et c'est lui qui nous affecte en passant dans
l'existence dont la racine est aussi la nôtre. Que l'Être
« se sente donc, dans la conscience absolue de soi : que
se produit-il ? Manifestement le sentiment d'être autonome et fondé sur soi, donc d'un amour pour soi-même,
et, comme je le disais, *affect*, fait d'être affecté par l'Être,
par conséquent sentiment de l'Être en tant qu'Être »
(ASL, SW V, 498, 208).

C'est poussé par ce sentiment et cet amour de l'Être
qu'il porte en lui, mais qu'il n'identifie pas d'emblée, que
le Moi individuel est conduit, à travers plusieurs étapes
qu'il doit franchir, à s'élever jusqu'à la compréhension
exacte de ce qui l'anime. Ces étapes, qui correspondent
à autant de points de vue sur le monde, sont au nombre
de cinq. Chacune marque un degré du développement
spirituel du Moi. Au fur et à mesure qu'il s'élève, l'objet
de son amour se modifie, jusqu'à coïncider avec l'objet du
véritable amour : le Moi « se transforme continuellement,
et pour cette raison même également ce en quoi il est
obligé de faire consister sa béatitude change peu à peu, et
au cours de ce développement les premiers objets de désir
se voient dédaignés et remplacés par d'autres » (ASL,
SW V, 515, 227).

Les cinq points de vue sur le monde

Le Moi pur est la liberté elle-même, car il est autonome et absolu comme l'Être qu'il « existe ». En même temps, considéré en lui-même, il est une abstraction, car son existence n'est jamais séparée et close sur soi, mais toujours engagée dans un Moi individuel. C'est pourquoi, en toute rigueur, le Moi pur est la liberté à l'état de simple possible. « La liberté, confirme Fichte, existe vraiment et véritablement, et est elle-même la racine de l'existence ; cependant, elle n'est pas immédiatement réelle ; car la réalité chez elle ne va que jusqu'à la possibilité » (ASL, SW V, 513, 224). Pour s'actualiser, la liberté doit entrer dans le temps, c'est-à-dire embrasser un point de vue sur le monde, ce que seul un Moi individuel peut faire. Or, comme il n'y a, selon Fichte, que cinq points de vue possibles sur le monde, la liberté se résume d'abord à leur existence virtuelle. Et comme se réaliser revient pour la liberté à épuiser son possible, c'est-à-dire les cinq points de vue, ce n'est qu'une fois parvenue au dernier point de vue, le plus noble et le plus élevé, qu'elle achève de s'actualiser. Mais alors, aussi, elle disparaît, et le Moi individuel avec elle, car elle est revenue à sa source et s'est fondue en elle. « Dès que quelqu'un achève de concevoir selon ce schème [i. e. ces points de vue], il a du même coup épuisé la possibilité et l'a élevée à la réalité ; il a épuisé ses moyens et usé sa liberté jusqu'aux dernières limites, il ne lui reste plus de liberté dans la racine de son existence. [...] Dès lors la réalité s'écoule pour lui dans l'unique forme qui reste et qui est indestructible : celle de l'infinité » (ASL, SW V, 514, 226).

Les cinq degrés de la vie spirituelle forment eux-mêmes un tout qui se scinde en deux parties essentielles.

Car la vraie vie spirituelle ne commence qu'avec le second point de vue sur le monde.

Si à chaque point de vue, en effet, correspondent une croyance, un amour, un affect, le premier point de vue est la croyance en la matière comme seule réalité stable et vraie. L'Être qu'il pressent au fond de son cœur apparaît alors au Moi sous sa forme la plus contraire à sa vraie nature, et est interprété comme l'ensemble des objets qui frappent ses sens. L'amour qui découle de cette croyance est l'amour du plaisir sensible. L'affect de l'Être est confondu avec l'affect du corps. « La jouissance matérielle », note ainsi Fichte, « est fondée sur la façon d'être affecté par l'Être considéré ici en tant que vie sensible organique » (ASL, SW V, 499, 209). Le corps n'est pas perçu comme un instrument, un moyen, mais comme une fin, attendu que la satisfaction organique est la fin suprême.

La seconde façon de voir le monde hisse définitivement le Moi au-dessus du bonheur matériel et l'introduit pour la première fois dans le monde de l'esprit. La réalité vraie lui apparaît désormais comme suprasensible. Elle n'est plus celle que l'on trouve à l'extérieur de soi, dans les choses, mais en soi, dans la loi morale. Celle-ci commande à la liberté, qui façonne le monde sensible. Le monde sensible dépend donc de la liberté, qui dépend de la loi. La réalité du monde est partant moindre que celle de la liberté, laquelle à son tour est moindre que celle de la loi. La réalité de l'homme même, qui trouve en lui la loi, est, selon le second point de vue, dérivée de la loi. Seule, elle est quelque chose par soi, puisque tout le reste est par elle, s'affirme par rapport à elle, se déduit à partir d'elle. Le meilleur représentant de ce point de vue est Kant : « dans la littérature philosophique, Kant, si l'on ne poursuit pas sa carrière philosophique au-delà de la *Critique de la raison pratique*, est l'exemple le plus frappant et le plus logique de cette façon de voir » (ASL, SW V, 467, 172). Il est remarquable, en effet, que dans les postulats de la raison pure pratique, Dieu même, au point de vue de ce qui conduit à recourir à son concept, est ordonné à la loi morale, puisque l'existence d'un auteur providentiel du monde est rendue pratiquement nécessaire *pour* garantir la possibilité du monde intelligible où elle situe notre destination.

Comme la loi est ce qui importe ici à l'homme au plus haut point, mais que la loi ne revêt que la forme impérative du devoir strict et froid, l'affect correspondant à cette étape du développement intellectuel du Moi, l'affect de la loi, est un affect entièrement négatif. C'est-à-dire il est incapable de produire un amour positif pour quoi que ce fût. Le devoir étant désintéressé, il n'implique en effet aucun attachement pour ce qu'il régit ou « ordonne » (ASL, SW V, 502, 212). Tout au plus est-il lié à l'intérêt que l'homme conserve inévitablement pour lui-même et qu'il modifie, selon qu'il y a désobéissance ou obéissance à la loi, en mépris ou en absence de mépris pour soi-même. « L'intérêt de l'homme pour lui-même est absorbé dans l'affect de la loi ; mais cet affect anéantit toute inclination, tout amour et tout besoin. L'homme veut simplement ne plus avoir à se mépriser, mais rien de plus, et n'a besoin de rien et ne peut avoir besoin de rien » (ASL, SW V, 503, 214). On reconnaît ici la liberté négative du stoïcisme, qui consiste à se rendre indépendant de tout, à s'élever au-dessus de tout, bref, à se suffire à soi-même. C'est pourquoi l'homme du second point de vue reste, au fond de son cœur, indifférent à Dieu, et ne peut y recourir, au sein de son système, que par une « inconséquence » de sa part : « tu es à toi-même, écrit Fichte en s'adressant à cet homme, ton dieu, ton sauveur et ton rédempteur » (ASL, SW V, 504, 214).

Mais ce qui sous-tend cette liberté négative, c'est le pouvoir que se reconnaît le Moi de désobéir à la loi, car il révèle au fond une indifférence à l'égard de celle-ci. C'est pour surmonter ou pallier cette indifférence que l'homme a justement besoin du caractère impératif de la loi, qui l'*oblige*, en l'absence de tout mouvement spontané, à accorder sa volonté avec elle.

C'est pourquoi il faut attendre le troisième point de vue pour que le Moi veuille enfin spontanément, c'est-à-dire par amour, la volonté éternelle qu'il a au fond de lui. C'est le point de vue de la moralité supérieure. Elle est « supérieure » pour deux raisons. Premièrement, parce qu'elle comprend que la béatitude n'est possible qu'avec l'abolition de la volonté propre, c'est-à-dire la volonté du Moi individuel tourné vers lui-même grâce à l'indépendance formelle dont il jouit par rapport à l'Être. Deuxièmement, parce qu'elle n'ordonne pas seulement le donné, mais « crée » (ASL, SW V, 469, 174) positivement dans le monde sensible. Le Moi agit pour se faire et faire des autres l'image de Dieu, soit pour rendre les hommes conformes à ce qu'ils sont d'après leur destination. Le talent naturel, employé à cette fin, exprime, en leur donnant forme dans le monde sensible, les Idées divines du Bien et du Beau qui sont, au point de vue de cette troisième station, « ce qui est vraiment réel et autonome » (ASL, SW V, 469, 174). La joie que retire ici le Moi de son activité créatrice le place au-dessus de l'apathie stoïcienne. Une chose, pourtant, vient troubler sa joie. Il est affecté par le possible insuccès de son entreprise, qui reste dépendante du monde extérieur. Cette inquiétude montre qu'il n'est pas encore suffisamment rentré en lui-même et qu'il n'a pas totalement épousé la volonté éternelle.

C'est le quatrième point de vue qui dépasse cette inquiétude, soit le point de vue de la religion. Le Moi y accepte la résistance et la contrainte du monde extérieur et ne s'en afflige pas, car il sait qu'il n'entre pas dans la volonté divine d'abolir les libertés individuelles qui lui restent extérieures, justement parce que cette possibilité de lui rester extérieure leur a été accordée par elle. Il s'élève en outre au-delà du concept, de la notion vide, qui n'est que le voile que notre entendement intercale entre Dieu et nous, et lui substitue l'intuition. Disposer d'une définition même exacte de la vie de Dieu, c'est la contempler à distance, donc s'en extraire, et par suite, s'interdire la vraie béatitude. « Élève-toi seulement, dit Fichte, au point de vue de la religion, et tous les voiles disparaissent ; le monde disparaît à tes yeux avec son principe mort, et la divinité elle-même rentre en toi sous sa forme première et primitive, comme vie, comme ta propre vie » (ASL, SW V, 471, 177). Le Moi parvient en somme à la lumière, au Verbe, en le saisissant directement, sans l'intermédiaire de la représentation, comme la vie même qui l'anime, qui le traverse. Est-ce là donc le dernier point de vue ? Non pas. Car, même s'il se confond presque avec le point de vue le plus élevé, il reste malgré tout au niveau de la croyance, et n'est pas encore science : « La religion sans la science est simple croyance, bien que pourtant inébranlable : la science supprime toute croyance » (ASL, SW V, 472, 178).

Quel est le sens de ce dernier palier à franchir ? Pourquoi la vraie religion, qui non seulement n'a rien à voir avec la superstition, mais qui, en outre, est fermement et solidement installée dans la vérité, reste-t-elle au-dessous de la vraie philosophie ? Ou encore, pourquoi la philosophie seule peut-elle se constituer comme science et primer la religion, contre l'avis de Schelling dans *Philosophie et religion*, qui les identifie ? La réponse tient pour Fichte à ce que seule la science est capable d'un point de vue génétique sur l'ensemble des points de vue qui précédent : « La science embrasse tous ces points de transformation de l'Un en un divers, et de l'Absolu en un relatif, complètement, dans leur ordre et leurs rapports mutuels ; elle peut partout, et à partir de chaque point de vue isolé, ramener selon la loi tout divers à l'unité, ou déduire de l'unité tout divers » (ASL, SW V, 472, 178). Le vrai passage de la religion à la science est donc dû à l'impuissance du point de vue de la religion à se génétiser lui-même : « pour la science devient génétique ce qui pour la religion n'était qu'un fait absolu » (ASL, SW V, 472, 178). Un fait absolu est un fait dont il n'y a pas à dire comment il se fait, un fait privé de genèse, donc un fait purement à partir de soi, un fait qui coïncide avec l'action de se faire, un fait-action, *Tathandlung*, soit le terme synonyme chez Fichte du Moi pur, de la lumière. On reconnaît ici le point de vue de la *Grundlage* : comme le Moi pur est par lui-même, il est sa propre genèse, ce qui rend impossible, en ce sens, de remonter plus loin dans sa genèse. Mais sans se contredire, la philosophie de Fichte s'est au fil des années approfondie et enrichie. Car le *Wissenschaftslehrer*, qui remonte à l'autoposition du Moi comme à sa genèse ultime, devra compléter cette observation par la suivante, selon laquelle cette autoposition ou autogenèse absolue coïncide en même temps avec la pure dérivation de l'Être, la pure extériorisation de soi de l'Être. C'est que le caractère même d'être par soi du Moi pur lui est communiqué en effet par l'Être, ce qui le rend, *de ce point de vue*, génétisable. La *WL* de 1805 en donnait déjà explicitement confirmation : « la *WL*, est-il noté à la *Vingt-sixième heure*, est la genèse du Moi pur » (GA, II, 9, 298, 199). En se rendant attentif à la manière dont il délaisse le concept au profit de la pure « vision » (ASL, SW V 472, 178), le Moi peut recréer les conditions du jaillissement de la lumière, et faire ainsi apparaître son caractère génétique. En concevant ce que la vie a d'inconcevable, le Moi comprend la nécessité de sortir du concept, et, de ce fait, se rend compte qu'il fait jaillir en lui-même la pure lumière de la compréhension. S'il s'abandonne à ce phénomène de la compréhension, il n'a pas seulement la vision de la lumière comme présence à soi, comme *s'*apparaissant, mais il la voit comme *apparition*, comme s'*apparaissant*.

Cet anéantissement du concept, ou, ce qui revient au même, de la réflexion par elle-même, est un anéantissement du Moi individuel qui, poussé par l'amour de l'Être, remonte à la racine de son existence, dans laquelle il s'absorbe. Il ne participe plus simplement, alors, à l'amour que l'Être se porte à lui-même, mais il devient, à la racine, cet amour même. « Bref, résume Fichte, la réflexion transformée en amour divin et pour cette raison s'anéantissant elle-même totalement en Dieu est le point de vue de la science » (ASL, SW V, 542, 258).

CONCLUSION

Fichte est par excellence le penseur de la liberté. Aussi bien, son système tout entier se caractérise comme système de la liberté. Sans doute, Fichte n'est pas le premier philosophe à penser la liberté, ni même à faire de la liberté le thème ou l'un des thèmes centraux de sa doctrine. Mais il est le premier, peut-être, à penser la nécessité de se détourner de la pensée, donc à privilégier un autre biais que celui de la pensée, pour instituer un rapport véritable, un rapport qui ne soit pas faussé à la liberté. Penser la liberté revêt ainsi un tout nouveau sens chez Fichte, puisque c'est une pensée toute négative, qui consiste à s'arracher à elle-même pour saisir directement la liberté. Car ou bien la liberté se saisit sans intermédiaire, et l'on accède à ce qu'elle est, ou bien on la saisit par la pensée, c'est-à-dire médiatement, par l'intermédiaire du concept, et l'accès à la liberté nous est refusé. La pensée est de nature représentative, et le concept, c'est la représentation. Comme le mot l'indique lui-même, la représentation est une re-présentation, une présentation seconde, une présentation renouvelée, recommencée, de la même chose. C'est la présentation dérivée d'une présentation originaire. Or, seule la présentation originaire donne en personne, c'est-à-dire *tel quel*, tel qu'il est, dans sa présence vivante, sans distance et sans voile, ce qui est ainsi présenté. Dans la présentation dérivée, dans la représentation, l'objet vivant s'est chosifié, réifié, il n'est plus qu'un objet mort. La pensée tue ce qui tombe sous son regard. Le concept est une image morte, parce que détachée de ce dont elle est l'image. Être représenté, c'est être tenu à distance, comme objet posé, du sujet qui le pose, en sorte que la liberté représentée est une liberté détachée du Moi où elle a sa racine et sa vie.

Tout l'effort de Fichte est donc de sortir de la représentation. Cela est possible, précisément, par l'intuition intellectuelle, dans laquelle il n'y a pas de séparation du sujet et de l'objet, et qui s'oppose au concept comme la vie à la mort. Elle se confond avec la liberté même qui, sans auto-intuition, sans voir qui se voit lui-même, bref, sans présence immédiate et continue à soi-même, serait privée du pouvoir d'agir sur soi et de l'agilité intérieure qui font sa nature. Le concept n'est que le résidu de l'intuition, et le philosophe qui part du concept ignore que tout se passe pour lui comme s'il voulait dériver la vie à partir de la mort.

Fichte évite les deux écueils symétriquement inverses qui consistent, pour le premier, à ne faire du Moi qu'une fiction, et pour le second, à en faire une conscience attachée à une substance. Sa philosophie tient d'une certaine manière le milieu entre les deux, c'est-à-dire entre le scepticisme de Hume et l'empirisme de Locke qu'il faudrait qualifier, dans le langage fichtéen, de dogmatiste. Fichte opère une synthèse originale des idées de Hume et de Locke sur la question du Moi. Tous les deux, au point de vue de la Doctrine de la science, se trompent, mais chacun d'eux a un point commun avec elle. Hume a tort de rejeter l'existence du Moi en général, mais il a raison de refuser celle du Moi comme substance. Hume ne trouve pas le Moi, parce qu'il le

cherche sous une forme qui n'est pas la sienne et qui,
de fait, n'existe pas. Il le cherche uniquement tel qu'il
le comprend, à savoir comme le sujet pensant qui reste
identique à lui-même sous les pensées qui changent,
comme ce qui se tient stable sous les modifications et les
variations qu'il supporte, ce qui est, en effet, proprement
la définition de la substance. Par introspection, il est
vrai que je n'aperçois en moi rien de nécessairement
permanent, comme le Moi ainsi défini est censé l'être,
mais seulement un flux de perceptions sous lesquelles
il n'y a probablement rien, parce que rien, justement,
ne s'y laisse observer. Hume en conclut, comme Fichte
après lui le fera, que le « moi » des « métaphysiciens »
(*Traité de la nature humaine*, livre I, partie IV, section
VI, trad. Leroy, 343), est un être illusoire. Mais il en
conclut aussi, à l'opposé cette fois de ce que soutiendra
Fichte, que les hommes « ne sont rien qu'un faisceau ou
une collection de perceptions différentes » (*ibid.*), sans
réel principe actif capable de les unir, parce qu'il ne
conçoit pas que le Moi puisse être cherché ailleurs que
sous la pensée. De son côté, Locke, à la différence de
Hume, admet l'existence du moi. Mais il l'admet aussi
avec une autre définition que celle que Hume lui prête,
quand il le nie. Pour Locke, le moi, le soi, ou, comme il
l'appelle encore, l'identité personnelle, n'est pas *ce qui*
pense, mais seulement la conscience qui accompagne
les pensées. Le moi est ainsi distingué de la substance
qui pense, laquelle est immatérielle et non matérielle,
bien qu'il ne puisse être sans elle. Une personne n'est la
même qu'aussi loin que s'étend sa conscience, et donc
sa mémoire, sur ses actes. Un homme qui aurait perdu la
mémoire d'une partie de sa vie, tout en ayant conservé
la même âme, serait bien resté le même homme, c'est-

à-dire la même vie unie aux diverses parties de son corps, mais non pas la même personne. On peut ainsi concevoir que plusieurs personnes aient la même âme ou substance. À l'inverse, on pourrait imaginer que le même moi, c'est-à-dire l'identité de la personne, se continue en étant successivement associé à plusieurs substances. « On doit reconnaître, écrit Locke, que si la même conscience, qui est une chose entièrement différente de la même figure ou du même mouvement numérique dans le corps, peut être transportée d'une Substance pensante à une autre Substance pensante, il se pourra faire que deux Substances pensantes ne constituent qu'une seule personne. Car l'identité personnelle est conservée, dès-là que la même con-science est préservée dans la même Substance, ou dans différentes Substances » (*Essai philosophique concernant l'entendement humain*, livre II, chap. XXXVII, trad. Coste, p. 268). Ainsi, tout comme on trouvera chez Fichte, le Moi n'est pas le support mais seulement la conscience des pensées qui sont nôtres. Mais, contrairement à ce que soutiendra Fichte, la conscience n'est pas son propre support et est donc supportée par une substance spirituelle, que la *Wissenschaftslehre* abolit. En somme, en niant le Moi et la Substance, Hume ne peut remonter au principe de la multiplicité des représentations, à la vie de la conscience. En affirmant le Moi et la Substance, Locke repousse ce principe au-delà du Moi, transportant ainsi la vie de ce dernier en dehors de lui-même et rendant par là sa liberté impensable. Il faut donc affirmer le Moi tout en niant la Substance. Le Moi cesse alors d'être un *être*, une chose qui se tient *sous* la pensée, comme un socle inerte, au profit de ce qui se tient toujours déjà *en elle*, comme l'acte originel qui la conditionne et qui est lui-même la pensée absolument première, c'est-à-dire non pas la pensée représentative, mais la pensée pure, – la pensée pure de soi, qui n'est pas le Moi individuel ou la personne, mais la spiritualité supra-individuelle en général.

Comment expliquer, alors, les réticences et les incompréhensions auxquelles Fichte a dû faire face ?

Elles viennent, premièrement, de ce que la Doctrine de la science ne peut fournir la démonstration de ce dont elle a besoin pour être comprise, et ne peut le communiquer au lecteur par un simple enchaînement logique de propositions. Elle suppose que le lecteur se soit déjà convaincu par lui-même de sa propre liberté par un acte d'auto-intuition qu'il est le seul à pouvoir produire en soi : « Tout se ramène à ceci : que l'on soit justement et intimement convaincu de sa liberté par un constant usage de celle-ci dans la plus claire conscience et qu'elle nous soit plus chère que toute chose » (ZE, SW I, 507, 304). Ce n'est pas un système philosophique qui peut produire cette conscience, mais seulement un agir, à la condition qu'il ne soit pas une « influence sur », à la manière d'un choc mécanique, mais une « action réciproque avec » (ZE, SW I, 507, 304), une sollicitation, un appel. Un tel agir se nomme éducation. C'est pourquoi Fichte en a toujours appelé, depuis ses premiers textes, à la nécessité d'une éducation bien conduite. Mais c'est parce que cette éducation reste à faire ; parce que les hommes n'ont pas été suffisamment et convenablement éduqués à la liberté ; parce que l'éducation a reposé jusqu'ici sur de faux principes, que Fichte s'attendait à ce que la Doctrine de la science s'expose à une mauvaise compréhension. À défaut d'une éducation qui prépare les hommes à accueillir un système philosophique qu'il faut être capable de (re) produire en soi, on ne peut compter, pour s'élever à la hauteur des vues qu'il contient, que sur le génie, don si parcimonieusement dispensé par la nature aux hommes, que c'est une tâche qui incombe aux temps présent et à venir, de substituer au privilège rare du génie les avantages également répartis d'une éducation pour tous, et d'obtenir ainsi par ce moyen, ce dont seul le génie isolé était jusque-là capable. « Le fait que dans l'abrutissement général, écrivait déjà Fichte en 1797, certains s'élèvent à de grandes pensées, demeurera toujours un remarquable bienfait de la nature, qui n'admet pas d'explication et que l'on nomme par conséquent par un mot philosophique indéterminé : le génie » (ZE, SW I, 508, 304). Il faut éveiller chez « l'adolescent », au sein d'une éducation que Fichte a voulu nationale, organisée par l'État, son agilité interne, son autonomie, au lieu de l'« habituer à ne jamais se mettre à l'œuvre de lui-même, mais à attendre la première excitation extérieure » (ZE, SW I, 508, 304), bref, lui apprendre à se faire l'instrument de sa propre volonté plutôt que l'instrument d'un autre.

Le second obstacle que Fichte a rencontré est lié à la modification qu'il a fait subir à la lettre du kantisme, en lui opposant l'esprit de ce dernier. Car il s'est heurté à un public philosophique plus attaché à la lettre qu'à l'esprit du système kantien. Contre la lettre qui bannit l'intuition intellectuelle et admet la chose en soi, l'esprit oblige à faire exactement l'inverse. Il est difficile en effet de ne pas reconnaître la présence de l'intuition intellectuelle dans ce système, notamment dans le Je pense qui accompagne toutes nos représentations et dans ce qui permet d'avoir conscience de l'impératif catégorique. Et la chose en soi est incompatible avec la liberté rendue pratiquement nécessaire par ce même système. Car ce serait faire non seulement deux principes absolument premiers où il ne peut y en avoir qu'un seul, mais en outre deux principes contradictoires. La liberté est principe d'autodétermination en nous, quand la chose en soi serait principe de détermination hors de nous, si bien que les deux principes, ou bien s'annuleraient l'un par l'autre en même temps, ou bien verraient l'un des deux annulé par l'autre. Si la liberté était déterminée de l'extérieur, elle ne serait plus liberté ; et si elle ne l'était pas, la chose en soi n'existerait pas.

Fichte achève ainsi le système de Kant, en rendant sa lettre enfin conforme avec son esprit.

Sans doute, telle a été l'intention déclarée de Fichte à ses débuts. Mais s'y est-il toujours tenu ? Fichte a-t-il abandonné son premier système, quand à partir de 1800-1801, dans la *WL* de la même époque, l'Être (ou l'Absolu) est placé au-dessus du Moi ? La question a été fort débattue, et l'est encore. Ce n'est pas ici le lieu de produire la totalité de l'argumentation nécessaire pour essayer de la trancher. Mais on peut se borner à une réflexion qui va dans le sens des déclarations réitérées de Fichte, d'après lesquelles il est toujours resté, pour l'essentiel, fidèle à son premier système, et que s'il y a eu évolution de sa pensée, elle s'est faite sans rupture. Il est possible de concevoir que la doctrine de l'Être ne s'est pas substituée à celle du Moi, mais qu'elle l'a seulement complétée, approfondie. Le Moi pur qui devient expression ou image de l'Être après 1801 n'est pas un autre Moi que celui auquel on donne le statut de premier principe de la *WL* en 1794. Dans les deux cas, il est ce qui est posé par soi-même, et le Moi pur est principe dans la mesure où il est par soi. La question est donc de savoir si, en devenant expression de l'Être, il perd le privilège d'être principe. La réponse est non, pour deux raisons. Premièrement, c'est justement parce que le Moi pur est l'image de l'Être qu'il est, comme lui, par soi. Deuxièmement, l'Être ne supplante pas le Moi pur, car le Moi pur n'est pas autre chose que l'Être, mais bien l'Être lui-même, puisqu'il est *son* existence. Ils sont deux et séparés pour l'entendement diviseur et la pensée, mais ils sont un et confondus pour la raison et l'intuition. Le Moi pur est le point où s'identifient l'Être et le Moi. En ce point d'identification que dans le langage johannique Fichte appelle le Verbe, Être et Moi pur font donc un seul et même principe. Pas plus que le Père et le Fils en théologie, l'Être et le Moi pur ne se font concurrence. Le Père est au-dessus du Fils, sans jamais pourtant que le Fils soit en dehors du Père. Il en va tout de même pour l'Être et le Moi pur. Cette comparaison amènera Fichte à identifier les grands principes de la Doctrine de la science avec le contenu de la doctrine chrétienne de Jean.

Malgré les difficultés pour déterminer la périodisation exacte de la philosophie de Fichte, on peut dire que la Doctrine de la science a conservé sa silhouette générale à travers les différentes versions successives qu'elle a connues, et qu'elle est restée fidèle à son concept. Elle est la science de la science, et, comme telle, la science à partir de laquelle se déduisent les principes des autres sciences, ou, du moins, pour certaines, la seule possibilité de leurs principes, soit la doctrine générale à partir de laquelle se forment les doctrines particulières, comme les doctrines de la morale, du droit, de la politique et de l'État, de l'histoire, et de la religion. Le principe de chacune de ces doctrines est en effet compréhensible à partir de la nature et du statut du Moi, en tant qu'il est pris entre deux infinis : d'une part, l'infinité de son essence comme Moi pur, et, d'autre part, l'infini qu'il doit parcourir par son effort, comme Moi pratique, pour rejoindre, par-delà tous les obstacles qui le limitent comme être raisonnable fini, l'Idée de son être originaire et absolu. Ainsi, on peut voir que cette Idée est l'impératif catégorique qui le guide comme Moi pratique. L'effort pour abolir la distance qui sépare le Moi de son Idée est l'effort moral, et l'action tendue vers ce but en général, l'action morale. La sphère de son devoir est le monde, et la suite des actions qui l'éloignent ou le rapprochent de sa fin dernière, est l'histoire. De même, l'acte initial par lequel il se pose comme individu, en tant qu'il implique la reconnaissance de l'existence d'autres individus, définit la relation juridique, puisqu'il ne peut poser les autres sans limiter la sphère de sa propre liberté par l'idée de la possibilité de celle des autres. Seule l'intuition de son libre agir interne introduit le Moi dans l'éternité, où il se reconnaît membre d'un royaume suprasensible gouverné par d'autres lois que celles du monde matériel. La croyance en une divine Providence appelée de manière nécessaire par le commandement intérieur de la loi morale, fonde la religion.

Ce n'est pas tant par la diversité des thèmes abordés que par la manière radicalement nouvelle de les aborder que Fichte a laissé un héritage profond. Cet héritage ne se retrouve pas seulement chez les deux autres grandes figures de l'idéalisme allemand, Schelling et Hegel, sous la forme d'une « explication » avec Fichte, mais aussi, tout particulièrement (ce qui ne veut pas dire exclusivement), dans les courants phénoménologiques et existentialistes du xxᵉ siècle. Le projet de Husserl, notamment, d'établir une science des phénomènes purs, n'est certes pas le même que celui de Fichte. Mais, comme lui, Husserl s'appuie, entre autres, pour bâtir son système, sur la distinction entre conscience empirique ou personne et conscience pure ou transcendantale, comme sur la distinction entre la pensée représentative ou d'entendement et « l'intuition pure » ou « immédiate » (*L'idée de la phénoménologie*, trad. A. Lowit, coll. Épiméthée, p. 83, 88), celle-ci étant seule capable, contrairement à celle-là, d'offrir de « pures données-en-personne » (*ibid.*, p. 86) dans une évidence totale. Sur la base de la réduction phénoménologique, qui n'est pas sans rappeler la démarche par abstraction de la *WL* pour remonter à la *Tathandlung*, le *Je* transcendantal de Husserl a ceci de fondamentalement commun avec le Moi pur fichtéen de n'être pas une chose, une « boîte », mais de se traduire en termes d'acte(s) : « *la conscience qui voit*, dit bien Husserl, *ce sont* – abstraction faite de l'attention – *des actes de pensée de telle ou telle forme* » (*ibid.*, p. 97).

On trouvera chez Fichte, de la même façon, une anticipation de l'une des thèses centrales de l'existentialisme sartrien, que l'homme est libre, et que cela signifie qu'il n'est pas déterminé par avance par une nature, mais qu'il la précède au contraire, et que, finalement, c'est l'existence qui précède l'essence. Car l'homme n'est libre pour Fichte, qu'à la condition qu'il ne soit pas le produit de sa nature, comme il arrive pour la chose, qui n'est que ce que sa nature la prédétermine à être. En des termes qui annoncent ainsi l'existentialisme sartrien, Fichte peut écrire que « l'être libre doit être avant d'être déterminé – il doit avoir une existence indépendante de sa détermination », et que « pour se déterminer soi-même, il faudrait, d'un certain point de vue, être avant d'être, avant d'avoir des propriétés et, en général, une nature » (SS, SW IV, 36, 40). Or, si l'homme est libre, c'est bien parce que le Moi pur n'est pas une nature au sens d'une subsistance fixe qui enfermerait le Moi réel dans une manière d'être posée à l'avance, mais l'agilité de l'intelligence qui a tout pouvoir de former un concept de l'être réel du Moi qui « précède cet être réel » (SS, SW IV, 36, 40), et auquel ce dernier devra se soumettre.

Mais l'actualité de Fichte est au-delà de sa survivance dans tel ou tel courant philosophique. Elle tient à ce qu'il fut un éducateur à la liberté, un défenseur des droits de l'homme, le promoteur d'un Idéal qui reste plus que jamais le nôtre : amener l'humanité à un degré toujours plus élevé de culture par l'éducation réciproque de ses membres destinés à vivre comme des égaux et à ne plus faire qu'un dans le développement universel de la raison. Combien défigurée fut donc sa pensée par la vision encore parfois présente d'un Fichte étroitement nationaliste et précurseur des heures terribles de l'Allemagne nazie !

BIBLIOGRAPHIE

Œuvres de Fichte

L'édition la plus scientifique des œuvres complètes de Fichte en allemand est celle de l'Académie des sciences de Bavière, *J.G. Fichte-Gesamtausgabe der Bayerischen Akademie der Wissenschaften*, R. Lauth und H. Jacob (eds), Stuttgart-Bad Cannstatt, Fromman-Holzboog, 1962.
Série I : *Œuvres*, Série II : *Autres écrits*, Série III : *Lettres*, Série IV : *Notes de cours*

L'autre édition des œuvres complètes, qui fut réimprimée en 1971 chez Walter de Gruyter, est celle établie par le fils de Fichte, *Sämmtliche Werke*, I. H. Fichte (ed.), Berlin-Bonn, 1834-1846. Celle-ci restant plus accessible que la précédente, nous y avons fait souvent référence.

Sources secondaires

Ouvrages et collectifs

BOURGEOIS B., *L'idéalisme de Fichte*, Paris, P.U.F., 1968.
– *Fichte*, Paris, Ellipses, 2000.
– *Le vocabulaire de Fichte*, Paris, Ellipses, 2000.
CASSIRER E., *Les systèmes post-kantiens. Le problème de la connaissance dans la philosophie et la science de des temps modernes*, vol. 3, trad. fr. à l'initiative du Collège de Philosophie, Lille, Presses universitaires de Lille, 1983.

CESA C., *Introduzione a Fichte*, Roma-Bari, Editori Laterza, 1994.

DELBOS V., *De Kant aux postkantiens*, Paris, Aubier, 1992.

FISCHBACH F., *Fondement du droit naturel. Fichte*, Paris, Ellipses, 2000.

GODDARD J.-C., *La philosophie fichtéenne de la vie. Le transcendantal et le pathologique*, Paris, Vrin, 1999.

— (éd.), *Le transcendantal et le spéculatif dans l'idéalisme allemand*, Paris, Vrin, 1999.

– *Lecture de* l'Assise fondamentale de la Doctrine de la science 1794-1795 *de Fichte*, Paris, Ellipses, 1999.

– et Maesschalck M. (éd.), *Fichte. La philosophie de la maturité (1804-1814). Réflexivité, phénoménologie et philosophie*, Paris, Vrin, 2003.

– et SCHNELL A. (éd.), *L'être et le phénomène. La Doctrine de la science de 1804 de Fichte*, Paris, Vrin, 2009.

GUEROULT M., *Études sur Fichte*, Paris, Aubier, 1974.

– *L'évolution et la structure de la Doctrine de la science*, Hildesheim-Zürich, G. Olms, 1982.

HENRICH D., « Fichtes ursprüngliche Einsicht », in *Subjektivität und Metaphysik*, Frankfurt am Main, Klostermann, 1966.

JANKE W., *Fichte. Sein und Reflexion. Grundlagen der kritischen Vernunft*, Berlin, Walter de Gruyter, 1970.

– *Vom Bilde des Absoluten. Grundzüge der Phänomenologie Fichtes*, Berlin, Walter de Gruyter, 1993.

LAUTH R., *Die Entstehung von Schellings Identitätsphilosophie in der Auseinandersetzung mit Fichtes Wissenschaftslehre (1795-1801)*, Freiburg-München, K. Alber, 1975.

– *Hegel critique de la* Doctrine de la science *de Fichte*, Paris, Vrin, 1987.

LEON X., *La philosophie de Fichte, ses rapports avec la conscience contemporaine*, Paris, F. Alcan, 1902.

– *Fichte et son temps*, I, II, III, Paris, A. Colin, 1922.

MARCUZZI M. (éd.), *Fichte. La philosophie pratique*, Aix-en-Provence, Publications de l'Université de Provence, 2008.

MARMASSE G. et SCHNELL A. (éd.), *Comment fonder la philosophie ? L'idéalisme allemand et la question du principe premier*, Paris, CNRS Éditions, 2014.

OESTERREICH P. et TRAUB H., *Der ganze Fichte. Die populäre, wissenschaftliche und metaphilosophische Erschließung der Welt*, Stuttgart, Kohlhammer, 2006.

PHILONENKO A., *La liberté humaine dans la philosophie de Fichte*, Paris, Vrin, 1980.

– *L'œuvre de Fichte*, Paris, Vrin, 1984.

– *Métaphysique et politique chez Kant et Fichte*, Paris, Vrin, 1997.

RADRIZZANI I., *Vers la fondation de l'intersubjectivité chez Fichte. Des Principes à la Nova Methodo*, Paris, Vrin, 1993.

RAMETTA G., *Fichte*, Carocci, 2012.

RENAUT A., *Le système du droit. Philosophie et droit dans la pensée de Fichte*, Paris, P.U.F., 1986.

RIVERA DE ROSALES J. et J.-C. GODDARD (éd.), *Fichte et la politique*, Monza, Polimetrica, 2008.

SCHNELL A., *Réflexion et spéculation. L'idéalisme transcendantal chez Fichte et Schelling*, Grenoble, J. Millon, 2009.

– *En deçà du sujet. Du temps dans la philosophie transcendantale allemande*, Paris, P.U.F., 2010.

– *L'effondrement de la nécessité*, Grenoble, J. Millon, 2015

THOMAS-FOGIEL I., *Critique de la représentation. Étude sur Fichte*, Paris, Vrin, 2000.

TILLIETTE X., *Fichte. La science de la liberté*, Paris, Vrin, 2003.

VETÖ M., *Fichte. De l'action à l'image*, Paris, L'Harmattan, 2001.

VINCENTI L., *Le système de l'éthique. Fichte*, Paris, Ellipses, 2000.

ZÖLLER G., *Fichte's Transcendantal Philosophy : The Original Duplicity of Intelligence and Will*, Cambridge, Cambridge University Press, 1998.

Études, articles

CHEDIN M., « Poser le moi comme inconscient », *Archives de philosophie* 73, 3, 2010, p. 389-402.

GODDARD J.-C., « Fichte oder der Ständige Aufstand der Ureinwohner », *Fichte-Studien* 40, 2012, p. 109-119.

– « La désubjectivation du transcendantal », *Archives de philosophie* 72, 3, 2009, p. 423-441.

GUYOT L., « Le rôle de l'imagination productrice dans la genèse de la conscience de soi », *Fichte-Studien* 42, 2015, p. 121-134.

– « L'idée de commencement chez Fichte. À propos d'un malentendu sur le sens du premier principe », dans G. Marmasse, et A. Schnell (éd.), *Comment fonder la philosophie ? L'idéalisme allemand et la question du principe premier*, Paris, CNRS Éditions, p. 129-144.

HENRICH D., « La découverte de Fichte », *Revue de métaphysique et de morale* 72, 1967, p. 154-169.

IVALDO M., « L'approche pratique et éthique de l'histoire dans la philosophie transcendantale de Fichte », *Revue de Métaphysique et de Morale* 101, 1, 1996, p. 49-70.

RAMETTA G., « Novalis, Fichte und die Wissenschaftslehre nova methodo », *Fichte-Studien* 16, 1999, p. 433-452.

RADRIZZANI I., « La Doctrine de la Science et l'*Aufklärung* », *Revue de métaphysique et de morale* 49, 1, 2006, p. 127-142.

– « Le concours de la révélation intérieure et de la révélation extérieure chez le premier Fichte, ou le christianisme comme béquille au théisme de la Doctrine de la science », *Archives de philosophie* 69, 2, 2006, p. 203-216.

– « La *Destination de l'homme*. La réponse de Fichte à la *Lettre ouverte* de Jacobi ? », *Études germaniques* 277, 1, 2015, p. 33-56.

SCHNELL A., « L'idée fondamentale du transcendantalisme fichtéen », *Archives de Philosophie* 72, 3, 2009, p. 405-422.

– « Schema – Soll – Sein – », *Fichte-Studien* 28, 2006, p. 75-83.

– « Die drei Bildtypen in der transzendentalen Bildlehre J. G. Fichtes », *Fichte-Studien* 42, 2014, p. 49-65.

VAYSSE J.-M., « Dynamique et subjectivité selon Fichte : effort, pulsion, aspiration », *Revue germanique internationale* 18, 2002, p. 149-160.

VINCENTI L., « L'œuvre de Fichte et la Destination de l'homme », *Revue de l'Enseignement philosophique* 3, janvier-février 1996, p. 19-31.

– « De la *Grundlage* à la *Nova methodo* : l'intuition intellectuelle comme fondement du système », *Études germaniques*, janvier-mars 2001, p. 31-45.

INDEX DES NOMS

INDEX DES NOTIONS

TABLE DES MATIÈRES

Achevé d'imprimer le 20 août 2020
sur les presses de
La Manufacture - Imprimeur – 52200 Langres
Tél. : (33) 325 845 892

N° imprimeur 200591 - Dépôt légal : septembre 2020
Imprimé en France